Esther Gaubert

Burkina, rose du désert

Carnet de voyage

L'Harmattan

© L'Harmattan, 2011
5-7, rue de l'Ecole-Polytechnique, 75005 Paris

http://www.librairieharmattan.com
diffusion.harmattan@wanadoo.fr
harmattan1@wanadoo.fr

ISBN : 978-2-296-54195-5
EAN : 9782296541955

« Ce n'est pas le soleil qui se couche,
c'est l'homme qui s'éloigne de la lumière ».

à Christine l'arc en ciel,
à Bérengère le bouquet de jonquilles,
à Hélène sans qui ce livre ne serait pas,
à vous tous qui habillez mon ciel d'immortelles étoiles.
Vos noms reviennent souvent dans ces cahiers, vous étiez, avec
moi, au Burkina.

à ceux que l'on oublie quand on rit et quand on mange, à ceux qui
restent toujours debout au jeu des chaises musicales…

Des roses dans le désert

Chers vous tous, qui lirez ce cahier, que j'ai écrit, un peu tous les jours, lors de mon court séjour, et si long à la fois, au Burkina Faso.

Ce texte était au début destiné uniquement à quatre personnes. Hélène, Bérengère, Véronique, et Nicolas.

Suite à ce voyage ils m'ont aidée à créer une association, dans le but de soutenir les personnes rencontrées là-bas, une association qui s'appelle « Hanro ». Ce prénom veut dire dignité.

En lisant ces pages, Bérengère a eu l'idée de transmettre le texte à des personnes sensibles, de confiance, qui à leur tour le confieront à leurs amis. Des personnes qui, espère-t-elle, seront touchées par l'histoire, au point d'aider l'association « Hanro » et peut-être de vouloir s'y investir de plusieurs façons.

Elle m'a dit : « Je pense que ce texte devrait être lu par tout le monde. C'est un cadeau qui permet de se resituer dans l'humanité. Ne change rien au texte, Esther. N'enlève pas tes réflexions, tes émotions. Ne touche à rien. »

Le cadeau, c'est elle qui nous l'a fait.

Donc je n'ai touché à rien. Bérengère est une idéaliste, poète.

Ayant vécu deux fois plus longtemps qu'elle, j'ai moins d'espoir que ce texte soit le point de départ d'une possibilité d'aide humanitaire.

Mais si c'était le cas, des roses fleuriraient dans le désert, et la lune épouserait le soleil...

25 janvier 2010 : Alger, zone de transit, 17 heures

Quand l'avion a décollé, j'ai ressenti cette émotion magique, fluide, qui n'était pas entrée dans mon corps depuis longtemps... cette émotion liée à tout voyage, à toute nouvelle découverte, à toute recherche. S'élever, prendre son envol, pour s'éloigner de la matière, de la terre, des sociétés, monter lentement. Lentement mon esprit se sent soulagé, des souvenirs, de ses recherches permanentes, de sa volonté de comprendre, d'espérer, de rêver, d'aimer. Monter lentement, vers la grâce d'un ciel cristallin, sans nuages, où le soleil impose sa grandeur féerique qui perce l'immensité. Le regard ne peut plus rien accrocher, arrêter, soutenir. Il est en disgrâce, il ne peut que recevoir la lumière et se taire. Mon esprit détendu se projette dans ce ciel, cet espace serein, silencieux, comme s'il plongeait dans une eau sans relief, sans profondeur. L'eau et le ciel se rejoignent, en un point, celui du silence, de la transparence, qui replace mon esprit dans sa véritable demeure... mon corps.

L'avion se pose, mais je resterai dans ce ciel limpide, quoi que je fasse, quoi qu'il m'arrive. Je suis un oiseau qui sait voler...

Dans la zone de transit d'Alger, on peut fumer ! Stupéfiant, on peut fumer partout ! Assise au bar, l'esprit dans mon ciel limpide, j'observe ces personnes, que je ne connais pas, à qui je ne parlerai jamais, des vies et des vies, côte à côte, à se frôler, à se croiser, à se bousculer, à s'éviter.

Habillée en commando fagot, avec mes chaussures à la semelle décollée, mon collant rose, mon jean coupé aux genoux sans couture, mon vieux tee-shirt « orange DDE », je fais tache, bien évidemment. Les nuances vestimentaires sont à l'obscur. Seul le jeune à qui j'ai pris, à Lyon, un lourd bagage de draps destinés à un orphelinat, qui dépassait le poids autorisé, est habillé comme moi, en commando fagot. On se regarde, sans avoir la volonté de rentrer en contact. Lui aussi veut rester dans son ciel limpide. Dans son regard, un vague désespoir qu'il voit aussi, sans doute, dans le mien. Deux vagues désespoirs, fourrés dans de vieux vêtements

mal assortis, qui essaient de rester dans leurs cieux limpides respectifs.

Mais en voyage, le désespoir s'étale, se diffuse, se distille dans le flot de perpétuel mouvement. Il est là, mais il n'a plus de forme. De solide il devient matière liquide, comme un décaféiné, il est « allégé ». Lui et moi, on sait tout cela, on se regarde, on ne parle pas.

Je ne sais pas ce qui m'attend en Afrique. Je n'y cherche pas l'âme, ni la vérité, ni l'apaisement. Je ne cherche ni à me perdre ni à me trouver. Peut-être découvrir une autre partie du monde, une nouvelle couleur, une teinte plus douce. Essayer de grandir, un peu, encore un peu. BURKINA signifie intégrité, dignité, droiture, et FASO désigne la terre de nos ancêtres…

Seule au milieu de nulle part, j'écris, comme il y a quelques temps, en Calédonie, en Grèce, au Cap Vert, j'écris comme à chacun de mes voyages, à chacune de mes découvertes. J'aime être seule au milieu de nulle part où le désespoir se dilue. Au milieu de nulle part, on est davantage au centre du TOUT.

Ma Bérenge, c'est le moment de répondre à tes lettres… Nous avons chacun notre vérité. Jamais je ne renoncerai à mes rêves. Je n'ai jamais écouté aucune raison, aucune règle. Je perds sans doute une grande partie de ma vie à tant lutter pour laisser intactes mes vérités, je perds du temps, de l'énergie, je ne construis rien, je sais, je souffre, je suis apatride de moi-même. Mais à quoi bon vivre si je ne crois plus ? Qui serais-je si je m'inclinais ? Ou plutôt que me resterait-il ? Chaque vie est une quête qui emprunte un chemin particulier qui lui est propre. Lorsqu'elle nous semble aux antipodes de la nôtre, elle nous choque. Mais je pense que le fond commun à toutes les quêtes humaines est le bonheur, et la cessation de la souffrance. Et cela, quel que soit le chemin emprunté : humilité, amour, violence, générosité, pouvoir, argent. Certains chemins sont plus compliqués que les autres, mais lequel est le plus simple ? En effet, je pense comme toi que l'amour doit être Evidence. Au quotidien, au fil des jours, des années. Il est Equilibre, voire routine, confiance. Mais je pense qu'il peut aussi engendrer souffrance. Car il s'agit toujours de la confrontation de

deux êtres, deux vies, deux chemins, deux quêtes différentes. Et que créer un pont, celui de l'Amour, entre deux êtres, peut engendrer par essence, de la souffrance. Si on n'accepte pas cette partie-là, c'est que l'on n'aime pas, que l'on s'est trompé de chemin.

Y a-t-il un Idéal de l'Amour, sans doute pas, où alors c'est à chacun le nôtre ! Je n'ai pas d'idéal de l'amour, Bérenge. Pour moi l'Idéal est peut-être juste de CROIRE, que sans trouver l'amour, qui peut totaliser les éléments dont j'ai besoin pour vivre : le ciel limpide, être au milieu de nulle part où le désespoir se dilue, donc au centre du Tout, être vêtue de lumière en portant des guenilles ; je puisse au moins trouver en moi-même ces éléments nécessaires à ma vie. Et que si je ne les trouve jamais, ni dans l'amour ni en moi, l'Idéal soit de croire que j'arriverai à accepter la souffrance, d'accepter, d'admettre, que je n'ai jamais vécu, juste survécu. Si j'ai un Idéal, c'est celui-là. Le corps a de nombreux visages, l'amour aussi. Voilà ma Bérenge, pour répondre à tes deux magnifiques lettres, en attendant de faire ensemble des oiseaux…un autre visage de l'amour.

La nuit tombe au loin sur les lumières d'Alger. Dieu bénisse l'Algérie de permettre le tabagisme actif dans son aéroport, car cinq heures d'attente, c'est long, même quand on est dans son ciel limpide ! Je marche dans les couloirs. Les gens sont affalés sur les fauteuils, fatigués. Les musulmans prient, à genoux, sur leur tapis. Alors je sors le mien pour faire mes assouplissements… à chacun sa religion ! Il y a très peu de femmes dans ce hall de transit, les hommes seraient-ils plus aptes à voyager ?

Je m'amuse toute seule, à gesticuler sur les fauteuils, à danser, contre les murs, contre les affiches, je m'étire, je fais l'oiseau, je joue à la marelle sur les grands carreaux du sol. Personne ne me regarde, tout le monde dort, je m'en donne à cœur joie !

Mardi 26 janvier : 2 heures du matin

Je suis dans une chambre. Je viens de traverser Ouagadougou de nuit, mais le peu que j'ai distingué m'émerveille. C'est au-dessus de toutes mes espérances. L'Afrique…

J'ai déjà du sable plein la bouche, dans les cheveux, les yeux. Je n'ai pas vu d'herbe. Une capitale qui a l'air d'un grand bidonville en planches et en terre. J'ai hâte d'être à demain. Je n'ai pas sommeil, normal, j'ai dû boire cinq litres de café. J'essaie de ne pas avoir peur, dans cette chambre sommaire qui serait impossible à louer en France. Je pleure, c'est beaucoup trop d'émotion tout ça !

Je dors quatre heures et je me lève vite, pour découvrir ce pays dont je rêve depuis l'âge de quatorze ans... Le troisième pays le plus pauvre de la planète ! Je n'arrive pas à voir dans Ouagadougou une capitale. Je vois un chaos organisé. De la terre partout, pas de macadam. Pas de magasins, juste une nuée, une multitude, une ruche, un geyser d'étals permanents, comme un marché, où les denrées s'étalent pêle-mêle. Les gens vivent dans la rue, ferronniers, menuisiers, cordonniers, tous les corps de métiers, tous les artisans, (sans aucune machine électrique, tout à la main,) s'entassent et se bousculent au milieu de nourritures de toutes les couleurs à même le sol, dans un nuage de poussière de terre rouge ocre. Des poules, des chiens, des zébus, des chèvres, des ânes déambulent tranquilles dans ce fatras magnifique. Si je ne me fais pas faucher par un vélo fou, une mobylette, une voiture ou un bus... si mes chaussures tiennent le coup, si mes lombaires résistent au poids de mon sac à dos, je survivrai... je ferai comme tout le monde ici. J'ai noué serré mes cheveux, car je doute pouvoir les laver en dix jours. J'ai mal au bide et je transpire. Des estropiés, des unijambistes, des enfants, dans la terre, qui mangent l'amertume, à côté d'immenses gamelles à moitié vide. Tout le monde travaille dur, c'est évident, même les ânes tout petits qui tirent des charrettes remplies de pierres, de bois... au moins trois fois leur poids. J'essaie de ne pas trop me faire avoir par les hommes qui essaient de me vendre des trucs inutiles vingt fois leur prix. Heureusement Paul me trouve. Un rasta man d'environ trente ans, sans les dents de devant. Je lui fais confiance... On marche de neuf heures à douze heures pour trouver le bus qui doit m'emmener à Guié. Ce n'est pas grave, il ne connaît pas plus la ville que moi, mais au

moins j'ai le temps de tout observer. Mon Dieu que c'est beau ! On fait une pause café. C'est le bonheur, il y a du café soluble qui se promène sur roulette partout dans la ville. Avec Paul je me sens en sécurité, plus personne ne m'accoste. A midi il trouve enfin le bus, je sens qu'il n'a pas l'habitude de tant marcher, mais il a l'air heureux. Je le paie pour son temps, on se salue, on se serre la main, on sait qu'on ne se reverra jamais…

Ouaga, si je ne l'avais pas vu, je n'aurais pas pu l'inventer, même avec toutes les images que balance la télé. J'attends le bus, il part dans deux heures. Je ne vois aucun blanc, où sont-ils ? En même temps personne ne me regarde, je ne sens aucun racisme… juste de la poussière et beaucoup de mouvement. Eux ne me regardent pas, mais moi, je ne cesse de les observer. J'ai mal au bide. Je ne me sens pas seule, je suis entourée, enveloppée, par un brassage de personnes noires, hautes en couleurs, toutes des commandos fagots au rythme africain. Ils sont grands et fins. Des **Peuls**, peuple du désert, nomades semi- sédentarisés, grands, secs, aux traits nobles, caractéristiques des **Sara ouis**. Des **Gourmantchés**, peuple guerrier berger qui vient de l'Est, avec des scarifications tribales sur le visage, qui sont perturbantes autant qu'artistiques. Les **Mossis**, ceux d'ici, sont les plus noirs et les plus Africains dans leurs traits. **Mauritaniens** avec la calotte et la djellaba, très noirs aussi, avec des traits arabes. Après il faut être plus malin que moi pour tous les reconnaître !

A l'instant présent, rien ni personne ne me manque. Je suis émerveillée, appelée, attirée, je me sens vivante.

Je sens que je vais souffrir ! Il n'y a pas d'eau, même à Ouaga ! Il se vend des bassines d'eau à chaque coin de rue, pour se laver les mains, les pieds, pour en jeter un peu dans les trous qui servent de toilettes, trous cachés au milieu de trois murs en forme de carrés non fermés, à ciel ouvert. L'Afrique est un souffle à ciel ouvert… le sourire d'une enfant qui vend des fraises sur la terre rouge ocre. Pour boire, l'eau se vend dans de petits sacs mal fermés, d'où vient-elle ? Je trouve des bouteilles, ouf !

Au milieu de nulle part, dans mon ciel limpide, je me laisse porter. Je pense à tous ceux que j'aime, à tout cet amour qui me

remplit depuis toujours, depuis le début de moi. Ici cet amour s'accroît encore, je le sens, il grandit... à ciel ouvert, il devient souffle, rouge et ocre. La poussière colle à ma peau qui nage dans une chaleur sèche, mes sens s'endorment. Le mois de Novembre aurait été plus propice à une visite dans ce pays, juste après la saison des pluies, où les températures sont acceptables pour nous les blancs, et où la végétation est luxuriante... Quelle chaleur !

On roule dans un bus bondé. On pénètre dans le grand plateau. Je vois... je vois tout... l'émotion est si forte que je pleure, le visage collé à la vitre. Ce désert est immense, propre, sauvage... un ciel limpide... La terre raconte des histoires du passé, des légendes qui emplissent mon cœur. Des petits villages de cases en terre battue, en briques rouges faites à la main, en cannes de millets tressés. Aucune matière corrompue comme la tôle, le fer. Uniquement des matières nobles, c'est magnifique ! Nous on invente l'éco-construction, eux, ils la vivent.

La saison des pluies commence en Juin, il paraît que tout verdit, que le désert se transforme en rizière, en champs, en cultures. Il paraît que la terre raconte des légendes différentes, des histoires sur l'eau qui donnent l'espoir... Espérons que ce ne soit pas une année de sécheresse !

Je vois des hommes, des femmes, creuser des tranchées, pêcher sur des lacs de barrages, sur le fleuve **Nakambé**, tirer d'énormes cailloux avec les ânes. Je vois des gens travailler sous un soleil qui pénètre jusqu'aux lueurs de l'espoir humain. Dans ce climat sub-tropical, je ne vois que des gens travailler tout le long de la route en terre, volée au désert. A chaque arrêt du bus, de nombreuses personnes se jettent aux fenêtres pour vendre... de tout ! Lunettes, gâteaux, eau, sirop de bisap, fruits, vêtements, pain. Comment vivent ces gens ? Comment ? Pour l'instant je ne vois pas de misère flagrante, pour l'instant...

Le bus s'arrête pour me laisser à l'intersection qui mène à Guié, et où aucun bus ne va. Une cabane, je m'approche, il y a des bouteilles sur l'étal. Je demande un sirop... c'est de l'essence ! L'essence est très chère ici, par conséquent, à part quelques stations dans les grandes villes, ils la vendent à la bouteille. Je m'abstiens

de boire. Je m'apprête à faire mes 8 km de marche pour rejoindre Guié. ... même pas ! Un 4/4 en très mauvais état m'emmène. Les Africains ne laissent pas un blanc en plein soleil, sur le bord de la route... Le conducteur est un jeune Peul, très gentil, aux pieds rongés par le désert. Il me parle, j'essaie de répondre, mais les mots ne sortent pas. Je me sens une intruse dans ce mystère de sable si fragile, si combatif, et l'émotion me fait me retrancher dans un silence qui s'impose à moi. J'ai honte. Il me dépose, on se salue, on sait qu'on ne se reverra jamais.

Me voici à l'AZN, la ferme expérimentale, qui abrite la pouponnière. Personne ne m'attendait. Ils n'avaient pas reçu mon mail. Peu importe, Marthe, la directrice et créatrice de ce petit paradis, m'accueille très chaleureusement, me donnant les clés d'une cabane où je pourrai passer la nuit. Elle m'invite à boire un verre de bisap, sirop de fleurs excellent au goût. L'AZN accueille des touristes qui font partie d'associations à but humanitaire, et viennent visiter la ferme. En buvant le jus rafraîchissant, je discute donc avec des Français, ou plutôt j'écoute. C'est passionnant, enrichissant. Tous sont là pour aider, dans différents domaines selon leur sensibilité. Il y a une volonté d'aide sincère et honnête... des inter-échanges qui permettent d'ouvrir davantage à la vie, de tous les côtés... Moi je ne dis rien, car je ne sais pas exactement pourquoi je suis ici, pas encore.

Marthe est adorable. Elle me propose de manger avec elle le soir. Je suis ravie.

Les blancs commencent à beaucoup se raconter et se raconter encore, à s'étaler, à part que eux, ils ne se diluent pas ! Je me demande finalement qui aide qui dans l'histoire ? C'est sans doute ce que je dis plus haut, « un inter-échange qui permet d'ouvrir davantage à la vie, de tous les côtés... ». J'écoute, je me tais. Je n'ai rien à leur prouver, je le sens, je suis paisible, j'observe, rien à prouver. Est-ce qu'un jour j'ai eu besoin de prouver quelque chose ?

Je vais voir les pouponnières, il y en a trois, par classe d'âges. Là évidemment c'est l'effondrement. De petits enfants aux yeux noirs, remplis de lumière, se jettent dans mes bras, s'agrippent à

mes vêtements, se blottissent contre moi, leur petit visage contre ma poitrine. Ils accrochent mes cheveux, leurs mains sur ma nuque, mes bras, et leurs yeux noirs, dans l'éclat de leur beauté qui fait écho au commencement du monde. J'entends des « Maman... Maman... ». Leur nounou leur dit : « Cette dame n'est pas votre maman, elle ne va pas vous emmener ! ». Ils pleurent. Et moi je pars vite car je ne peux retenir longtemps une crise douloureuse de larmes. Je m'effondre plus loin dans le sable, contre un arbre. Je vois le désert, la solitude, la poussière dans mon cœur... Les corbeaux attendent quelque chose, une décision venue du fond des temps, ils appellent, impatients... Je ne peux en prendre aucun.

Aucune de ces petites mains qui me demandent de l'amour, aucun de ces tous petits visages qui me demandent de l'aide. Jamais, je ne pourrai répondre à ces larmes silencieuses, à l'espoir tapi au creux de tous ces enfants. L'espoir d'être, tout simplement, l'enfant de quelqu'un, de quelqu'un d'autre, que l'enfant du désert. Et moi, jamais je ne pourrai espérer autre chose, que regarder de loin, tout cet amour perdu, car tout l'amour qui n'est pas donné se perd dans le vent de l'isolement, qui ne prendra jamais aucune décision...

Ce ventre ouvert, c'est moi. Sujet de l'air et des corbeaux, fille du néant comme on est fille de Roi. J'aurai bientôt perdu mon apparence. Je suis en terre au lieu d'être sur terre. Mon cœur gâché vole avec la poussière. Je n'ai de sens que par complète absence.

Je rentre. Je me lave à ciel ouvert, je barbote dans un seau d'eau, les mains, les pieds. Je me sens propre ici, propre. J'allume ma lampe tempête dans la petite cabane où les moustiques commencent à attaquer ! Pour l'instant je n'ai pas vu de rats, je vais peut-être y échapper.

Si je restais ici, je pourrais oublier qui je suis, d'où je viens, c'est évident. Mais jamais je n'oublierais qui j'aime. Vous. Toujours les mêmes. Vos visages se mêlent aux regards de ces enfants, de ces vies que je vais revoir demain, avec plus de force. .. Un territoire abandonné... les rires de Léna et Loris se superposent aux rires des petits de l'orphelinat, heureux ici, même s'ils

attendent des parents… comme nous tous… qui attendons de savoir qui ils sont, réellement.

Jean-Michel, la lampe tempête te plairait. Elle éclaire finement la pièce et crée une ambiance fantomatique tout autour de ma main qui écrit, sans savoir pourquoi, qui écrit pour rien, pour le sable, le vent, pour qu'il emporte avec lui dans les nuances rouge- ocre, mon trop plein d'émotion, de trouble, de réflexion. Le groupe électrogène bat son plein, qui éclaire au loin la bibliothèque, où les gens du village viennent prendre des cours du soir. Tout cela me rappelle farouchement la Calédonie, avec les odeurs, les parfums de terre humide en moins.

Mon cœur se serre, violemment, comme un coup de poignard donné à tous ces regards noirs remplis de lumière, ces cinquante petits enfants et bébés.

Je suis dans une ferme en Afrique…

Un système autonome avec des parcs, qui divisent le bétail, des zones cultivées avec du matériel adapté, pour le foin, pour fumer la terre. Une gestion de la strate arborescente qui maintient de l'ombrage et évite l'érosion des sols due à l'harmattan, le vent chaud du désert, qui tue des gens, de février à juin, pour de multiples raisons, mais surtout par les bactéries qu'il dépose dans les poumons. Entre tout, ils emploient à l'AZN, 140 personnes. Ils font vivre par extension des familles entières du village de Guié, auxquelles ils achètent beaucoup de choses. Plus l'accueil d'éco-touristes, des formateurs blancs qui apportent leur savoir.

C'est Marthe qui me raconte tout cela, en tête en tête toutes les deux, face à une nourriture copieuse mais simple. Riz gras, banane Plantin, haricots verts, orange. C'est une femme exceptionnelle, au cœur immense, à l'amour sans limite, non quantifiable. Elle fait beaucoup pour son pays. Avec son mari blanc (elle bénit sans cesse Dieu de l'avoir rencontré, en pleurant…) ils ont créé l'AZN il y a vingt ans, et très lentement ils ont réussi à faire grandir cette structure unique au Burkina. Elle crée à d'autres endroits du Burkina des structures d'aide : femmes fistuleuses ; prévention de grossesse non désirée ; prévention du sida, et elle laisse gérer ces structures par d'autres. Car son but est de déléguer et de faire

travailler le plus de personnes possible, son but n'est pas de posséder, ni de diriger.

Cette femme n'a rien à prouver. Elisabeth nous rejoint, une femme de soixante ans qui vit au Mali, française, et qui a passé sa vie à lutter pour les mêmes causes. Marthe n'est que compassion. Elle pleure souvent, le visage dans ses mains. Elle bénit sans cesse l'amour de son mari qui lui a donné toute sa force. Elle dit n'être que l'instrument de Dieu... Je l'appelle Sainte Marthe, et ça la fait beaucoup rire. Elles m'apprennent les problèmes du Burkina, les luttes à mener, les réserves à avoir, les limites à accepter. Et nous discutons en mangeant, éclairées par la lune qui est généreuse, heureusement, car il n'y a aucun autre éclairage. C'est une « cuisine sous les étoiles », c'est magnifique ! Le chaudron sur les bûches de bois. Je les écoute. J'ai encore beaucoup de mal à parler.

La lune de la fée bleue... le sable, la poussière, le feu de bois, les regards noirs remplis de lumières... je ne veux plus parler.

Mercredi 27 janvier

Très bonne nuit, entre le braiment permanent des ânes et le chant des Burkinabés, sans parler de ceux des oiseaux, qui ne se lassent jamais ... quel ravissement !

Aujourd'hui pas d'eau. C'est un forage créé à Guié par une association humanitaire, qui alimente en mince filet les bassines de tout le monde. La pompe s'est cassée...

Mariane me fait visiter, son bébé sur le dos, les trente hectares : les cultures, le parc des zébus, les poules, les plantations... Dans le village que l'on traverse, des hommes fabriquent du grillage, à la main, comme on tisse des tapis. L'AZN leur en achète souvent. Je mets dans ma poche des fleurs de coton pour les chanterelles de ma vielle à roue. Une femme m'appelle de loin, elle m'offre du dolo, la bière de mil fermenté... je ne peux refuser. Mariane me met en garde, je vais être malade, même elle n'en boit pas. On verra si mes intestins sont à toute épreuve, comme je l'espère.

Mon Dieu, je suis vraiment dans une ferme en Afrique !

Marthe m'a adoptée. Elle me met dans une vraie case traditionnelle à côté de sa maison, en me disant que je peux rester autant de temps que je le souhaite.

Les villages sont très étendus ici. Ils sont constitués de concessions. C'est-à-dire que chaque famille, souvent très nombreuse, achète à crédit, un petit morceau de désert et construit deux où trois cases, avec le silo en terre et paille, pour protéger les semences. Tout ça entouré d'un mur, les protégeant des bêtes sauvages mais surtout de l'harmattan. Entre chaque concession, des terres cultivables. Donc chaque concession est isolée.

Ici le quotidien est simple, avec des préoccupations qui ne sont pas celles de gens qui s'ennuient dans un confort servi par une société abâtardie.

Le marché de Guié est magnifique, misérable mais magnifique. A croire que chaque habitant vend une bricole à l'autre. On m'offre encore du dolo… J'achète donc une bricole presque à tout le monde. Tous ont tellement besoin de vendre ! Vraiment, je ne comprends pas de quoi ils vivent ! Ici le smic équivaut à 50 €, un infirmier ou un prof gagne 50 €/mois.

Bon sang, dans ce pays je suis une personne riche !

Je ramène un sac plein de nourriture à Marthe, pour 3 €. Et tout le monde est content…Je m'arrête à la pouponnière. Je reste là, je câline tous ces yeux noirs remplis de lumière.

Je les aide à manger, et ma science de l'hygiène fait que je ne peux m'empêcher d'essuyer toutes ces petites bouches, très surprises. Et j'essuie les petits nez tous noirs qui coulent, le coin des yeux, les mains, les oreilles… j'essuie tout ce qui me passe sous la main et tout le monde rit. De loin je vois des femmes creuser une tranchée, et moi j'ai chaud que j'en vomirais !

De retour à ma case, l'eau est revenue, Alléluia !!! Je me lave dans la douche à ciel ouvert, avec mon seau. Je constate que je suis la seule à ne pas faire de lessive. Contrairement aux Burkinabés, je ne vois pas l'intérêt. Le sable et la terre sont partout, jusqu'au fond de mes poumons, faire une lessive serait une perte d'énergie. J'irai presque à penser la même chose de la toilette quotidienne, mais le bonheur de barboter avec le seau d'eau est un trop grand plaisir.

Comme c'est paisible ici… Je me sens intégrée, totalement. Les gens font comme si j'avais toujours été là. Je me sens chez moi sous ce ciel rempli de lune. Je suis entourée de Burkinabés, qui me proposent de manger, de jouer au volley, d'aller voir les crocodiles. Oui, comme si je vivais ici depuis toujours.

Je sens le soir, je sens la nuit qui a soif et se désaltère à la source de la foi. Dans ma case, les fourmis dansent, la lampe tempête, le rire des familles dehors.

Au repas au clair de lune deux hommes venus apporter des fonds au pays pour creuser des puits dans différents villages. Pas d'eau, pas de vie. Je comprends ici ce que ça veut dire, parce que je le vis.

Marthe me dit qu'elle veut me garder avec elle. Aïe ! Ne me tentez pas !!! On réfléchit, à trois, avec Elisabeth… on parle de l'éveil des enfants de la pouponnière, notion très occidentale, mais c'est vrai qu'il y a peut-être un manque à ce niveau-là. Les nounous s'en occupent très bien, mais les enfants n'ont aucune activité. Un bâtiment est rempli d'objets divers, envoyés de France, par des particuliers ou des associations. Rempli d'outils destinés à l'éveil créatif des enfants. Mais personne ne va jamais dans ce hangar, car personne ne sait se servir de tous ces objets. On n'utilise pas non plus les nounours ni les jouets.

On réfléchit à ce que l'on pourrait apporter à ces enfants, sans imposer une dictature à la française… on réfléchit tellement qu'il est décidé que je revienne l'an prochain un mois, pour trier et classer toutes ces matières inertes, et apprendre aux nounous à utiliser ce qui pourra les aider à créer des activités quotidiennes pour les orphelins du chagrin.

L'idée enthousiasme Marthe et Elisabeth à un point qui me surprend !

On me dit qu'on a besoin de moi.

J'ai peur. Aurai-je, une fois de retour en France, le courage de revenir ? Je pressens que l'Afrique est un pays difficile. Mais ici, ils ne veulent que ce qu'il y a en moi, et rien d'autre, et ça, je peux le donner !

J'ai peur peut-être parce que moi aussi je suis un orphelin du chagrin.

... une ferme en Afrique... avec mes peurs, mes doutes... Je pense au sourire de Christine, lumineux, qui se superpose à celui de Marthe. Des femmes courageuses... Je dis Oui !

Aurais-je trouvé un sens à ma vie, où est-ce la vie qui me montre, que de sens, il n'y a que : Vivre ?

La voix du loup qui m'appelle du fond des bois, et me pose la question la plus importante : « Où est l'âme ? »... J'ai dit Oui !

Jeudi 28 janvier

C'est merveilleux de se réveiller ici. Tous travaillent au bien de la communauté. C'est une vie en interaction totale, où l'individualisme ne peut supplanter l'entraide. Et ils ont l'air pourtant heureux.

Je pars pour Kaya, en bus, déjà triste de quitter l'AZN... Une multitude d'oiseaux, ces enfants que je ne peux emmener, pas même un, avec moi.

Marthe me serre dans ses bras et pleure. Elle me parle de Dieu, de l'amour, de son mari, la force qu'il lui donne, la force qu'ils se donnent. Ils me font penser à Christine et Christian, toute cette force qui réalise des choses immenses, grâce à un amour partagé.

Marthe et son mari consacrent leur vie entière à l'AZN...

Elle me parle de la souffrance de son pays, qu'elle ne peut enrayer !

L'AZN n'a pas suffisamment de moyens, elle doit refuser des enfants, des bébés, à la pouponnière, je sens que son cœur est brisé.

La bibliothèque qui donne les cours du soir aux étudiants de Guié risque de bientôt fermer car elle ne peut plus salarier les enseignants, je sens son désespoir.

La douleur que je sens chez elle, son empathie, sa compassion totale, me touchent tellement, que je me mets à pleurer avec elle. Et on pleure, les bras dans les bras, pour toutes les vies sans amour, pour les orphelins du chagrin, pour les cœurs gâchés qui volent avec la poussière...

Elle refuse que je lui donne de l'argent : « Non pas toi, Esther, tu n'en as pas, économise plutôt pour revenir ! ».
Comme j'ai honte !
Je pars avec l'image de Marthe qui se superpose au désert, aux petits yeux noirs remplis de lumière…
Je sais que je les reverrai.

Je dois repasser par Ouaga : ça va me prendre la journée. Ici pour faire cent kilomètres, même si les bus partent à l'heure, il faut à peu près huit heures… Je n'ai plus peur du tout. Sauf de la pollution de Ouaga, qui ne m'avait pas sauté aux yeux le premier jour de mon arrivée, là elle me saute dessus et on fait du corps à corps. Ils le disaient dans le guide, et ils avaient raison. Des particules partout, un nuage épais tout autour de tout. Certains portent des masques. L'inter mondialisation, suite à la colonisation et l'esclavage, a forcément créé cette mort latente dans la ville démunie.
Beaucoup trop de monde dans le bus, encore plus de poids sur le toit… C'est fou tout ce qu'ils peuvent entasser sur un toit d'autobus… mobylettes, vélos, sacs de je ne sais quoi, et encore mobylettes… stupéfiant ! On aurait mis le bus sur les mobylettes, ça aurait été plus vite !
Pourquoi ne suis-je pas venue en Afrique plus tôt ?
Sans doute fallait-il que je sois prête, à tous les niveaux.
Ce pays aurait plu à Luc, c'est certain.

Kaya est une ville de 40.000 habitants, avec des reliefs au loin, comme de petites montagnes. La terre est rouge braise, le sable encore plus présent qu'à Guié. On est en ville, mobylettes, pollution, poussière. Mais pour décrire Kaya, là, je manque de mots. C'est grouillant de tout. Une route centrale, à gauche déjà comme si c'était la « campagne-bidonville », et à droite le centre. Même système que Ouaga, en beaucoup plus petit, donc plus beau et attachant. Marché permanent, les enfants au milieu des cochons, des zébus. Les cases en terre rouge, des hommes qui tiennent une cabane de repassage, avec des fers à charbons. Au centre, le

marché couvert des artisans de cuirs, qui fait penser au souk de Tunis. De toute façon je ne pourrai jamais trouver comparaison qui soit révélatrice de la réalité… il faut le voir ! Une fourmilière aux odeurs acres et rances, de poisson séché, de viandes coupées sur du bois, attaquées par des mouches. Les odeurs sont parfois douloureuses pour mon odorat habitué au doux parfum des deux ânesses de Malleys, et mon cœur se soulève, avec cette chaleur oppressante, j'ai peur de vomir à chaque instant.

Je ne vois rien qui puisse faire penser à une boutique, ou un café, ou un vrai restaurant. Je ne vois rien pour les riches, pourtant il doit y en avoir, mais ce sont sans doute des lieux réservés, à l'extérieur de la ville ?

sIci beaucoup d'enfants qui mendient. Une boîte de conserve attachée au cou. Ils ne demandent rien, comme s'ils n'en n'avaient pas la force. Ils me regardent avec leurs yeux noirs, dans lesquels il y a trop peu de lumière. S'ils ne ramènent rien dans leur boîte le soir, il y a de grandes chances qu'ils se fassent frapper. Je donne des pièces, des gâteaux. Ils ne touchent même pas à la nourriture, il faut qu'ils ramènent quelque chose chez eux. Une pièce leur évitera la raclée, les fera vivre encore une journée, c'est toujours ça de pris, au jour le jour, vivons au présent et Carpe Diem ! Je fais de la monnaie et je donne tout ce que je peux.

Mon Dieu comme j'aime cette ville ! Il fait sombre sur la terre battue. La lune est toute ronde et joue du djumbé au milieu des étoiles. Je mange des tomates, du pain, des carottes, glanées à droite à gauche, et je regarde, j'admire cette ambiance paisible. J'ai confiance en la nuit, en ce peuple. Pas d'électricité dans les cases, les gens rentrent tôt. De rares néons dans les rues, les braises de feux pour les marmites dans lesquelles on peut acheter une assiette de riz gras.

Je pense à la paix magique de Guié. Quel contraste ! Pourtant Kaya est l'autre visage d'une même âme. Une âme qui m'attire et m'émerveille.

Je dors chez les Catholiques, paroisse recommandée par Marthe, tenue par le père Théophile. Chambre simple, mais propre. Cantiques au loin, chorales religieuses tout près. Je suis bercée de

musique ! J'ai mal au bide que je sais plus quoi en faire de ce bidon que je donnerais à bouffer au désert, si je m'écoutais. …

En Afrique, je m'y sens comme dans le ventre de ma mère, à la fois baignée dans un bien-être magistral, et à la fois oppressée, étouffée, que je ne pense qu'à une chose, en sortir !

Je pense à vous tous que j'aime tant. Je me sens très seule.

J'imagine les mains si blanches de Loris et Léna tenir une petite main noire qui mendie, en souriant. Et c'est un feu d'artifice de rires et de joie, sous le regard bienveillant de la fée de la lune bleue.

On ne peut pas être heureux,
quand une seule partie du tout souffre, on ne peut pas….

Je ne vois personne mourir concrètement de faim dans la rue, mais je vois de plus en plus de misère, dissimulée, cachée, les Africains n'osent pas montrer leur désarroi, ils sourient toujours et vous serrent mille fois la main dans la journée, en demandant des nouvelles de la France, de Sarkozi, ça les passionne, mais ils ne demandent pas d'argent.

Pourtant, je donne tout ce que je peux, je ne me sens pas excessive, je me sens impuissante.

On me dirait sans doute que c'est inutile de donner, comme ça dans la rue ! Que ça leur apprend la mendicité. Peut-être, pourtant je pense à une chose. Lorsque chez nous, nous voyons une de nos fleurs en train de mourir dans son pot, où un arbre dans notre jardin qui s'étiole, nous le traitons, le soignons, l'arrosons, même si nous savons que c'est une tentative désespérée. De même, notre chat ou notre chien, écrasé par une voiture ou empoisonné, nous l'emmenons chez le vétérinaire, sachant très bien que l'animal ne vivra pas. Toujours des tentatives désespérées pour sauver la Vie, c'est toute la beauté de l'être humain. Et parfois , contre toute attente, la plante refleurit, l'arbre fait à nouveau des bourgeons, le chat se remet sur ses pattes… des gens peuvent manger, encore quelques jours…

Toutes ces associations humanitaires, qui font tout ce qu'elles peuvent et moi je ne vois rien de tangible, de concret, juste cette

misère qui a toujours la larme à l'œil, prête à s'effondrer, mais qui tient le coup on ne sait pas pourquoi, en équilibre sur le vide, sur la torpeur d'un pays sacrifié...

Vendredi 29 janvier

De bonne heure je me délecte à prendre mon petit déjeuner au maquis café, le plus proche du séminaire .Tout se réveille, le sable, la terre rouge-braise, la chaleur. Les hommes sont surpris de me voir là, à sept heures, en train de boire autant de café au lait. Ils me demandent des nouvelles de Sarkozi... Réveillée tôt par les micros des musulmans d'un côté, qui remplissent l'espace de leur prière, en live, et le micro des catholiques qui diffuse les alléluias bon train. C'est à celui qui a le micro le plus puissant. Ils se font concurrence, c'est de bonne guerre.

L'accueil du Père Théophile est merveilleux. Comme dit Marthe : « Il vaut mieux connaître des Africains que l'Afrique ! » Elle a raison. Ce pays pour un touriste est ingérable. La preuve c'est que je n'en vois aucun. Le père me consacre un temps qu'il n'a pas, avec générosité, chaleur humaine, et Dieu, bien sûr. Là il faut le dire, j'en mange du Dieu des Catholiques! Moi j'aime Jésus, j'aime Dieu, j'aime tout le monde, de toute façon ! Et la sagesse du Bouddha est dans mon cœur et mon âme, il me porte et m'accompagne. Le père me fait visiter la cathédrale où les oiseaux et les chèvres font leur bénédicité. Le père me présente la Sœur Pascaline, environ vingt-sept ans. Elle me fait visiter le foyer de jeunes filles dont elle est la directrice. Ce foyer est essentiel ; en effet la plupart des filles qui suivent des études échouent, car elles ne peuvent pas travailler dans leur contexte familial, ou bien elles habitent trop loin pour se rendre au collège à pied.

Pascaline me mène au lac DEM, à quinze kilomètres... Y arriverons-nous un jour ? Elle roule lentement sur le sable, elle a peur en voiture ! Quel bonheur de voir un lac ! Il fait seize kilomètres de long. Tout autour un paradis de cultures, sur lequel travaillent trente villages. Elle me traduit les commentaires du directeur, qui gère l'exploitation des terres. De l'eau... Je laisse un

moment ma main se perdre dans la fraîcheur du lac, frôler du bout des doigts la terre vivante, qui raconte des légendes qui désaltèrent.

Ce lac alimente Kaya et ses environs en eau. La vie, dans un rayon de vingt-cinq kilomètres, dépend de lui.

Tout le monde travaille. Pieds nus, le dos courbé, humble et reconnaissant devant ce don de... Dieu, bien sûr ! C'est fou à quel point Dieu est dans toutes leurs phrases !

Hélas ! Même ces cultures à perte de vue ne leur permettent pas de vivre. Certaines années ils s'endettent gravement, et ne peuvent même pas rembourser le fumier qu'ils achètent pour la terre. C'est vraiment incroyable, autant de travail, et rien de plus, aucune amélioration du quotidien ! Et cette nappe phréatique, jusqu'à quand tiendra-t-elle ?

Des troupeaux de zébus, des Kalaos aux couleurs somptueuses dans les grands arbres, dans les baobabs du petit prince. Je resterais là des heures ! Mais la sœur a du travail, il faut rentrer. C'est sûr, elle conduit à 30 à l'heure maxi, il vaut mieux rentrer. En chemin elle me dit qu'elle aurait bien besoin de moi dans son foyer de jeunes filles. Si je pouvais revenir plus longtemps pour améliorer la diction des jeunes filles, leur faire faire un peu de théâtre et d'expression corporelle... aïe ! Je suis émue aux larmes, encore quelqu'un qui a besoin de moi... Je lui remplis d'essence le 4/4, elle remercie Dieu ! C'est bien, ça apprend l'humilité ! Elle est adorable. Elle m'explique que le Burkina est le rare pays d'Afrique où toutes les religions cohabitent paisiblement, dans le respect les unes des autres. C'est un pays paisible à tous les niveaux. Pas de guerres entre les tribus, entre les ethnies, une politique stable. Sans doute parce que le Burkina ne détient strictement aucune richesse qu'elle peut exploiter et exporter à l'étranger. Du coup forcément, pas de richesses, pas de raison de s'entretuer.

Les voleurs, car il y en a, sont tués, ou ont la main coupée. C'est pour dire ! Par conséquent ils sont peu nombreux à prendre le risque. Cela arrive cependant, assez fréquemment. On peut le comprendre.

Je téléphone à Marthe, et je vais m'asseoir au pied de l'arbre dans la cour. Le chant des oiseaux, des crapauds. Je suis seule... le

chant des oiseaux, le chant des crapauds, sous un arbre, au milieu d'une cour, avec des cantiques, une chorale, l'Afrique. Je suis triste.

Le visage des enfants de Guié me hante. Je mesure à l'envers, sans doute, et je mesure les étoiles, on me l'a souvent dit, mais ici, comment mesurent-ils ? Pour survivre, dans des conditions aussi difficiles, je pense qu'ils mesurent à l'envers aussi.

Je me sens solidaire d'eux.

Toute l'après-midi à donner de l'argent, des bonbons, des gâteaux, des sourires, des paroles partagées, des rires. Maintenant je vois la misère partout, ramper sur l'agonie de tous ces gens dont le regard n'a plus d'espoir. Je vois des ventres énormes sur des corps tous maigres, des ventres enflés par la terre rouge-sang. Je vois la faim partout, le désespoir partout. Je vois des regards perdus, hagards, qui attendent... mais ils ne savent pas ce qu'ils attendent ainsi. Des yeux noirs partout, remplis de torture.

Loris et Léna, vous avez offert à des enfants dans la rue, de beaux vêtements neufs, déjà ternis par la poussière, achetés chez une couturière sans rêve, dans une cabane. Les enfants étaient heureux, on a fait plein de photos, je vous les montrerai.

Et vous tous que j'aime tellement, oh oui, que je vous aime, vous avez donné à plusieurs familles de quoi vivre pendant quelques jours, voire quelques semaines. C'est le plus beau cadeau que je pouvais vous ramener de ce pays... être avec moi, compatir avec moi, pleurer avec moi, être là dans ces rues-fourmilières, être dans l'urgence, et donner. Vos mains, dans leurs mains. Je n'en finis plus de pleurer, nous avons sacrifié ce pays, ce pays comme tant d'autres, qui n'en a plus pour longtemps. Il sera l'un des premiers touchés, l'un des premiers à mourir, il a déjà commencé, pour que nous on puisse continuer, encore un peu plus longtemps, bien sûr.

Tellement d'enfants que je prends dans les bras. Tous ne sont pas farouches, beaucoup rient de voir une blanche. Toutes ces petites âmes sans avenir aucun, que je porte dans mes bras...ces ventres ouverts, c'est nous. Sujets de l'air et des corbeaux, fils du néant comme on est fils de roi. Nous aurons bientôt perdu notre

apparence. Nous sommes en terre au lieu d'être sur terre. Notre cœur gâché vole avec la poussière du désert. Je ne veux pas votre complète absence. Le Monde a besoin de votre voix, aussi.

Dans un an, lorsque je reviendrai, quelques enfants de Guié seront morts, peut-être la sœur Pascaline, et combien de ces gens que je vois dans la rue ?

Les Burkinabés aiment les Français. Ils sont remplis à notre égard d'une reconnaissance sans limite. Le Père m'explique que toute sa structure, qui aide du mieux possible les habitants de la ville, n'aurait jamais vu le jour sans les nombreuses associations françaises. Il me donne des faits, m'explique beaucoup de choses.

Tout ce qui se fait au Burkina grâce aux bénévoles de France ! Moi aussi je leur suis reconnaissante. Mais ça ne suffit pas, ça ne suffira jamais. Le père aussi manque terriblement d'argent pour gérer sa paroisse, car au Burkina, les Catholiques aident réellement tous les habitants, par de multiples actions, pas toujours liées à la religion. Comme si c'était toujours une grande famille, une grande tribu. Je le sens découragé.

On met au point mon retour l'an prochain, Théophyle s'enthousiasme, me dit que les autres séminaires vont être jaloux ! L'expression corporelle le fascine, bien qu'il se demande réellement de quoi il s'agit. Et qu'une personne vienne apprendre à parler correctement le français aux jeunes filles est pour lui un don de Dieu !

Deux moi au Burkina, je ne tiendrai jamais le coup ! Il faudra qu'il y ait un échange honnête entre Dieu et moi, sinon, je ne tiendrai pas le coup.

La joie de Théophile me réconforte, et me donne la force de dire oui. Car il m'offre, tout comme Marthe, une possibilité de les aider, autrement qu'en pleurant.

Mon Dieu, il va falloir la créer notre association, il faut de l'argent, ils en ont tellement besoin. Ce sera un cristal d'oiseau dans la « vastitude » de la mer, mais comment continuer à cheminer, sans déposer notre part !

J'apprends qu'un couple de Français, avec leur argent personnel, a financé un centre de soins et de suivi, pour enfants et mères souffrant de malnutrition… Je suis bouleversée.

La poussière du désert me fait du mal. Je respire à 20% de mes capacités. Très souvent envie de vomir, la diarrhée…

Ce n'est pas un beau voyage, oh non, pas du tout…

Il faut être fou pour venir ici !

Ce n'est pas un beau voyage….

C'est un Grand, un très Grand voyage.

Promenade dans les rues, où la nuit protège ce peuple de sa couleur. Je me sens plus intégrée ici que dans les rues du Puy-en-Velay.

Je mange dans la rue teintée de nuit, mais en observant la préparation culinaire, le lavage des assiettes et des couverts dans des bassines au sol, j'ai un soulèvement de cœur, je sens que je vais vomir ! Je n'ai plus faim ! J'ai honte, mais là, vraiment, ça me coupe l'appétit. Il faudra que je m'y fasse. Il me faut juste un peu de temps. Un tout petit peu.

Samedi 30 janvier

Debout à 5 heures 30… Me voici à la messe de six heures, tout ça pour faire plaisir à Pascaline et Théophyle. La messe est aussi terne et insipide qu'en France. Surtout quand l'Imam s'égosille sur son micro de l'autre côté… Mais je file dès la fin de la messe au maquis-café retrouver mes potes du petit déjeuner, les zébus, les chèvres, un cochon mort, le sable. « Comment va Sarkozy ? » Aïe ! C'est pas mon pote Sarko, comment leur dire ? Alors je leur dis qu'il neige en France, que c'est l'hiver. Pour eux aussi, c'est l'hiver… nous n'avons pas les mêmes valeurs ! Mais je les crois car je vois toujours des personnes avec des pulls, des doudounes en pleine journée, des bonnets, ils sont fous !

J'embrasse le père, la sœur, on sait qu'on se reverra.

Je pars pour le Sud, 100 km de savane, j'en ai pour la journée. De diocèse en séminaires, je suis tranquille. Les sœurs de Koupela m'attendent, envoyée par le père Théophile.

Quatorze heures, je suis à Koupela, chez les sœurs Notre Dame de la Trinité… fichtre.

Pendant le trajet je me suis retrouvée errante sur une piste de sable cabossée, où aucun bus ne passe. Je n'ai pas compris pourquoi. Des travaux, m'a-t-on dit. Je dois faire quinze kilomètres à pied… c'est un billet aller-retour pour la crise de nerfs…

Je vais creveeeeeeeeeeerrrrrrrr ! Eh ben non, c'est pas pour tout de suite ! Un 4/4 rempli d'ouvriers me monte dans la benne avec mon sac, et tuto va bene.

Les Africains ne vous laissent pas crever au milieu du désert… peut-être que ça m'aurait arrangée ! En plus j'arrive vite à Koupela. 140 km du Togo et 230 du Niger. Est-ce pour cela qu'il fait si chaud ? Même schéma de ville, en plus triste, plus terne, moins joyeux que Kaya. Je vais à la messe de 18 heures… faire plaisir aux sœurs. Est-ce possible de faire une overdose d'hosties ?

Je me sens mieux dans les rues que dans l'église. Et je suis tellement sale que dans la rue je me mélange à la terre, incognito. La lune est immense, le ciel étoilé, comme c'est beau !
Ici les gens, les animaux, la végétation, souffrent, et ils chantent.

Dimanche 31 janvier

Joyeux anniversaire mon papé !!! Je t'aaaaiiiimmmeee ! Tu es le meilleur père qu'on puisse avoir, en tout cas, moi je n'en aurais pas voulu un autre !

Ici il n'y a pas la mer pour faire tampon avec la chaleur. Ça s'y trouve ! Pas de piscine… sgurlp !

Ce matin, quatre heures de marche dans la savane désertique, c'est magique, sublime, je ne m'arrêterai plus de marcher. Seule au milieu des vautours, qui régulent les épidémies. Quelques baobabs, mais pas la couleur des blés, pourtant le petit Prince est là, je le vois dans des touffes d'herbes desséchées par le soleil, dans les très rares arbres, un prunier, un manguier, des acacias, des lauriers. Pas une parcelle n'est laissée à l'abandon, tout n'est que terre de culture. Mais là c'est la période sèche. Le Petit Prince attend les pluies pour faire tinter ses cent mille grelots…

Les excréments des bêtes sont rangés, entassés avec soin, aussi loin que je m'enfonce dans les terres, le crottin est récupéré, prêt à être utilisé.

La savane agricole désertique est grandiose, à perte de vue, à perte de sens. Je suis dans mon ciel limpide.

J'allume ma radio « Neurone intégrée », et la suite N° 1 pour violoncelle de Bach remplit l'espace, elle devient symphonie.

Les lettres de Bérengère. Je les offre à cette terre, ici. Elles s'envolent. Je regarde. Deux feuilles blanches sur lesquelles sa main a tracé des lettres, pour former tout l'amour qu'elle porte en elle. C'est beau les lettres de Bérengère qui volent dans le désert. Bérengère et la N° 1, Le petit Prince et le désert... Je t'aime. Liberté !

... à perte de sens... donc je me perds. Or je n'ai plus beaucoup de force. Les doigts de mes mains sont gonflés à éclater tant la chaleur empêche le sang de circuler. Je sens que je vais creuveeeerrr !

Eh ben non, c'est pas pour maintenant ! Peut-on se perdre en Afrique ? Des femmes sortent de nulle part, des paquets sur la tête. Elles me montrent la bonne direction, à l'opposé... On blague, on discute, elles ne comprennent pas ce que je fais là, moi non plus, pas vraiment. J'ai confondu le désert avec la promenade quotidienne de mon chien...

Dans les rues je ne vois aucun enfant abandonné .Ceux qui le sont, sont placés dans les orphelinats. Dans la rue, la mère, la sœur n'est jamais loin. La forte solidarité qui fait survivre les familles bannit l'individualité, qui ici mènerait à l'exclusion sociale. Mais la nécessité de s'intégrer dans un monde en pleine mutation, influencé par la culture occidentale, se concrétise parfois par un déclin de ces solidarités traditionnelles. D'où l'abandon d'enfants, placés en orphelinat, celui aussi des vieillards, la prostitution, la délinquance.

Le nombre de femmes enceintes et portant un bébé sur le dos est alarmant. En 2025, ce pays aura doublé sa population, malgré une des plus faibles espérances de vie de la planète (52 ans). Six

enfants par femme! L'indice de fécondité : un des plus élevés au monde. Un enfant sur dix n'atteint pas l'âge de neuf ans. Beaucoup de femmes deviennent nones pour échapper à ce sort.

Pourtant le Burkina est deux fois moins peuplé, au km carré, que la France. Mais il n'a pas les mêmes ressources.

Au retour je lave tous mes vêtements dans le seau des sœurs. Je lave la misère humaine, qui est partout, sur notre planète, la misère de ceux qui ont faim, la misère de ceux qui s'ennuient, qui exploitent et sèment la mort. Et moi, je ne suis rien, je n'espère rien, mais je ne suis pas libre.

Je suis tellement fatiguée de ma « promenade » avec Bach, les lettres de Bérengère qui volent dans le désert, et le Petit Prince, que je passe tout simplement mon après-midi assise sur un banc en bois, à un maquis-café.

Un tout petit garçon, avec une boîte de conserve autour du cou... comme il est beau ! J'essaie de l'apprivoiser, mais il est farouche. Je lui offre à boire, à manger, il ne bouge pas. Un visage sans expression aucune, un regard douloureusement vide, bouleversant. Un énorme blouson d'hiver sur le dos. De la morve au nez, jusque dans la bouche, parce que personne ne lui a appris à se laver, à se moucher, car pas de mouchoir. Et à quoi ça sert d'être propre quand le sable vous habille de désert ? Je lui mets plein de choses dans sa boîte, dans ses mains, dans ses poches, je voudrais qu'il mange. Je voudrais l'emmener avec moi, dans mon ciel limpide, immense, je lui raconterais des histoires avant qu'il dorme paisiblement.

Il me regarde, il ne comprend pas, je le sens, rien de ce qu'il est, rien de où il est.

Il aimerait peut-être venir avec moi, que je le prenne dans mes bras et que l'avion nous emmène dans son ciel limpide, à lui. Je crois qu'il est trop perdu pour penser à ce genre de choses. Déjà, il tient sur ses deux jambes... Penser le ferait tomber à genoux.

Un jeune homme de 24 ans, parfaitement propre, s'approche discrètement et vient me parler. Il m'explique que l'enfant est bien trop impressionné par le fait que je sois blanche. Jamais aucun blanc ne s'assoit au maquis-café pour parler aux enfants. Et que s'il

ne mange pas, c'est parce qu'il doit rapporter des choses dans sa boîte, le soir, à son père...

Avec Hanro, nous parlons tout l'après-midi. Sa présence réconfortante permet à l'enfant de se rapprocher, pas à pas, jusqu'à ce que j'arrive à l'asseoir à mes côtés. Il boit un verre de lait concentré sucré, il mange un gâteau.

Hanro est d'une intelligence déconcertante ! Un surdoué dans le style de Loris, avec une âme noble, un cœur pur. C'est un être spirituel, généreux, qui veut donner sa vie pour les autres. Il n'a aucun autre but. Je suis stupéfaite par sa culture générale, même mon Hélène l'envierait ! On parle du Burkina, de notre vision de la vie, du monde. Il m'interpelle vraiment. Il parle anglais, français parfaitement. Le petit garçon ne sourit toujours pas. Je n'ose pas le toucher. Il ne prend pas vie, quoi que je fasse. Il demeure dans un ciel obscur que je ne peux briser.

Hanro m'explique son parcours. Issu d'une famille très riche de Côte d'Ivoire, en 2003, il vient faire ses études au Burkina, là où les diplômes sont reconnus. Il est brillant. Cela ne fait aucun doute.

Mais il y a un an, son oncle, car apparemment c'est lui qui s'en occupait (je n'ose trop poser de questions personnelles) meurt, au moment où il devait passer son bac. Son oncle mort, il est totalement abandonné par le reste de sa famille, bloqué au Burkina, sans aucun argent, dans la misère la plus totale. Il me confie qu'il a voulu mourir, mais qu'il est un homme, et que la philosophie le porte, que c'est elle qui lui permet de résister.

C'est un jeune homme adorable, doux et tendre, solitaire aussi, triste. Un regard, sans flamme, seulement de la philosophie, de la philosophie bâtie sur le rêve de l'intrépide irréalité des poètes...

Il travaille un peu, chez un poissonnier (toujours pas compris ce que c'était un poissonnier ici) quelques heures par jour, de quoi payer son logement chez une vieille dame, un carré – brique, et il va aux cours du soir gratuits pour maintenir son niveau. Beaucoup de souffrance, chez Hanro. Beaucoup. Il m'explique qu'ici, lorsqu'on peut manger deux fois dans la journée (un bol de riz), on s'estime heureux. Lui, vu sa maigreur, je ne suis pas sûre qu'il mange les deux bols.

Il fait partie de l' MBDHP (mouvement Burkinabé du droit de l'homme et du peuple), il s'y investit beaucoup, et son intelligence est réclamée par beaucoup de gens. Ce garçon pourrait aller très loin. Lui pourrait vraiment aider son pays, s'il atteignait un rang social important, s'il avait du pouvoir. Une sorte de Martin Luther King !

Marthe, à 24 ans, devait lui ressembler. Espérons qu'il ait un aussi beau parcours qu'elle. Le parcours d'une immense générosité qui se noie dans un combat sans fin...

« Hanro, emmène-moi chez toi ! » Il est surpris !

Je laisse le petit garçon, je l'embrasse, il ne s'en rend pas compte. Il est toujours devant son verre de lait à moitié bu.

Dans le carré-brique, un vieux matelas, un seau d'eau, du miel, des vêtements du temps où il était riche. Il me montre des photos de sa famille. Beaucoup sont morts. Sur son lit,... or il n'attendait pas Esther Gaubert, aujourd'hui, qui vienne faire une introspection .... de vieux livres, dans des langues différentes, des cahiers, beaucoup de cahiers, un classeur, et des feuilles remplies de son écriture. Je lis ce qu'il écrit, ce qu'il étudie, beaucoup de philo, de poètes, Ronsard etc... Le soir il va étudier dans la rue, pour être éclairé par le néon unique. Hanro, je l'aime. Il me donne espoir en l'humanité.

Je lui donne 40.000 cfa, de quoi s'inscrire au bac, le passer, renouveler sa carte d'identité. Même pas un plein d'essence, j'ai honte. Il est ému, n'arrive à rien dire. Et moi je suis joyeuse comme l'enfant Jésus qui vient de naître, l'enfant Jésus avant qu'il ne soit crucifié ! Il me dit qu'il ne comprend pas ce qui lui arrive, comme le petit garçon devant son verre de lait, il est sonné. Il a peur de me décevoir. Je lui explique que je comprendrais qu'il n'ait pas le bac cette année, mais qu'il doit m'envoyer les résultats, quels qu'ils soient, pour montrer en France. Je trouverai l'argent pour qu'il termine ses études, je le ferai pour le Burkina, pour tous les enfants de la rue, pour ce jeune homme hors du commun, pour les lettres de Bérengère qui volent dans le désert... et surtout pour moi...qui ai besoin de croire.

Oui je trouverai l'argent !

Je sais bien que Hanro est un parmi tant d'autres, on est tous un parmi tant d'autres et pas un qui vaut plus qu'un autre. Mais chaque pierre construit le chemin…. Quelle pierre sommes-nous, quelle pierre suis-je ?

Avec 1000 euros par an, Hanro finirait tranquillement ses études, et le petit garçon finirait peut-être son verre de lait, et des roses fleuriraient dans le désert, et la lune épouserait le soleil….

Nous allons au point Internet du village, la « Sonoposte », tenu par la charmante Ivette, embauchée en CDD. Nous faisons connaissance. La plupart des gens que je rencontre ici sont d'une grande spontanéité, tout en étant très discrets et respectueux. Ils vous disent facilement qu'ils vous aiment. Au moins je ne me sens pas perdue, moins seule dans le monde des bisounours !

Ivette promet d'aider Hanro à créer une adresse Internet afin que nous puissions communiquer. Ils ont l'air si seuls tous les deux : je me sens rassurée qu'ils se connaissent à présent, sans savoir pourquoi. Les parents d'Ivette sont morts, elle a trente ans. Ils meurent vite ici, c'est clair. Moi-même, j'habiterais dans ce pays, je ne tiendrais pas longtemps.

J'erre dans les rues, désespérée.

Je cherche l'enfant, le petit garçon de tout à l'heure. Je fais toutes les rues, plusieurs fois. La lune est sombre, et les étoiles se perdent, percées, éventrées, dans une mesure que je ne comprends plus. Je ne le trouve pas, ce tout petit visage, avec un gros ventre, je ne le trouve pas, je l'ai perdu, je ne le reverrai jamais. Hanro, s'il faisait des études, arriverait peut-être, lui, à redonner toute la lumière de l'Afrique, à tous ces jolis yeux noirs. Ce soir je vais raconter une histoire à cet enfant… qui se perdra dans les étoiles, percées, éventrées. Je lui raconterai la légende de la Princesse Yennenga, au 11ᵉ siècle, qui vivait à Gambada…

Lundi 1ᵉʳ février

Je vais prendre le taxi Brousse pour Manga, au sud de Ouaga, pour voir le plus grand lac du Burkina, le lac Pagré, sur le fleuve Nakambé. Hanro m'attend au bus, depuis un moment, pour me dire au revoir. Nous restons assis pendant deux heures, à attendre le

départ du bus, à espérer qu'il soit en retard, espérer qu'il ne parte jamais...

Hanro est inquiet, il craint la sécheresse pour cette année. Depuis Décembre la température n'a pas chuté d'un pouce et l'harmattan souffle trop tôt... Je n'ose imaginer... La sécheresse... je n'ose l'envisager.

Ivette me donne son amitié.

Je monte dans le taxi-brousse, Hanro me suit du regard, je lui souris, nous savons tous les deux que nous nous reverrons.

Dans le bus une Peule d'une beauté touchante. Je ne cesse de la regarder, comme si son visage réunissait toute la grâce de ce pays. J'aime ce pays...

Le trajet n'en finit pas. Long, long et chaud, j'ai mal au ventre. Les Africains suent, transpirent. Les odeurs concentrées me donnent envie de vomir. Tout le long de la route, des sacs plastiques noirs volent dans les champs désertiques, s'accrochent aux arbres, aux rues, aux villes. C'est sympa de s'être débarrassé de nos sacs plastiques chez eux. Nous on est passé au biodégradable, mais on continue à exporter des sacs noirs dans la splendeur de la savane. Des oiseaux lugubres sur une terre propre... soumise... disciplinée... obéissante. .. Dieu que c'est pratique tout ça ! A cet instant je mesure la physique, la physique de la misère ! Je mesure à l'endroit. La domination de nos pays capitalistes sur ces terres simples, précaires, accueillantes.

Beaucoup de cas de méningite cette année, qui font tomber bon nombre de personnes comme des mouches. Ici, ce n'est pas la vie de l'individu qui compte, elle est bien trop fragile, ce qu'ils essaient de sauver, c'est La Vie.

Et moi je commence à me sentir happée par cette fragilité de la vie de l'individu qui ne compte pour rien... Je me sens malade. Nous sommes trente-deux dans ce taxi brousse conçu pour seize.

Le trajet est trop long, la chaleur trop intense, et le chauffeur qui s'arrête sans cesse pour aller prier Allah avec son tapis, et nous on attend, patiemment ! Devant moi une petite fille qui transpire à grosses gouttes sur le front, et qui vomit... crise de transpiration...

vomit, etc. Les gens s'écartent d'elle comme ils peuvent, ils craignent la méningite.

Derrière un bébé avec du cérumen vert qui coule de son oreille gauche, dehors, pendant un arrêt, deux jeunes filles viennent mendier à travers la fenêtre ouverte… effroyable ! Je n'avais jamais ressenti cela. A la fois terrorisée par une vision cauchemardesque, à la fois remplie de compassion, des émotions diverses se mêlent, j'ai envie de pleurer et de vomir, des vertiges de plus en plus puissants…

L'une d'elles, immense, maigre, un corps décharné, vide, creux, avec un ventre tellement rond que l'on distingue des kystes à travers la robe abîmée. Elle a du mal à porter son corps, tous ses gestes sont lents, mesurés, ou automatiques…De regard elle n'en a plus, c'est cela qui est terrifiant. Elle s'approche lentement, tend la main, sans me regarder, elle tend la main au hasard, j'ai peur qu'elle tombe dans la poussière, comme un nuage qui n'a jamais existé, tout cela sans un regard. Une machine de l'abomination humaine.

L'autre, c'est pire, si c'est possible ! Une jeune fille… je pense, difficile à reconnaître. Le crâne rasé qui met à jour des mutilations sérieuses. Le crâne est défoncé de-ci de-là. Presque tous les membres de son corps sont mutilés ou atrophiés. Les jambes, les bras, le dos, on ne sait pas bien où ça commence et où ça finit. Sous un genre de drap qui couvre à peine ce champ de bataille.

Des hommes jettent un zébu fraîchement coupé en trois morceaux sur le toit du taxi brousse, sur nos bagages. Le sang gicle sur nous à travers la fenêtre ouverte.

Manga est très pauvre. Ma chambre est un squat insalubre, pas fait pour les touristes, qui ne viennent jamais ici. C'est un Burkinabé qui a cette chambre… point. Je vacille, je me couche, je pleure, les goélands, la N° 1, le Petit Prince… D'un coup, je vomis toute la misère accumulée depuis le début du voyage, depuis je ne sais plus combien de temps, tellement j'ai l'impression que je suis ici depuis des mois, les odeurs, la chaleur, je vomis en transpirant

pendant deux heures et je dors de seize heures à dix heures le lendemain matin.

Mardi 2 février

Je n'ai plus du tout envie de rigoler. Je n'arrive pas à me lever ! Merde, vraiment j'y arrive pas. J'ai mal aux reins, je saigne de partout. Cette fois je vais crever, j'en suis sûre, j'ai peur.

Le Burkinabé s'inquiétant frappe à ma porte. Il m'aide à me lever, je n'y arrive pas. Il me dit : - « Ne vous inquiétez pas, ça arrive, nous aussi on est souvent malade ! »
C'est sûr, avec le taux de mortalité qu'il y a ici… ça ne me rassure pas du tout.

Le Burkinabé m'apporte une assiette de riz. Et un café. Il aurait pu me voler, il aurait pu me violer, non, même pas, les Africains, eux, ils vous laissent pas crever ! Je vomis instantanément. Et du sang. De tous les côtés… merde !

Il appelle une chambre à Ouaga, qu'il réserve pour moi, et fait venir un taxi. Il m'aide à monter dedans, je m'allonge sur le siège arrière. Est-ce que je vais m'en sortir ? Encore ? Mais pourquoi ?

A croire que je sais pas mourir !

Me voici dans une chambre magnifique, au « Paradis à Ouaga. » Là… le luxe, j'ose pas demander le prix, je me couche, je dors, j'ai juste vu qu'il y avait une petite piscine… je vomis. Cette fois à cause de la piscine. Je dors…

Je ne veux pas que cette pension de luxe soit ma dernière vision du Burkina, avec une blanche bavarde qui tient ça. Je veux aller dans la rue, chez les pauvres. Elle me dit le prix de la chambre… sgurlp ! C'est cher. Mais il y a pire, je n'ai plus d'argent. Je prends le temps de réfléchir…

Je dors. Je ne tiens pas debout, je ne vais pas dans la rue.

Il y a un miroir, je prends le risque, je me regarde. Oh misère ! J'ai les lèvres toutes blanches, je suis jaune, comme quand je suis venue au monde, et j'ai plein de boutons.

Tout l'après-midi je dors, quelle horreur ! J'ai mal partout. Je sens que le retour va être dur, je dois prendre des forces. Je vais dans le jardin de cailloux, quelques fleurs… pas de sable. J'ai

trouvé les touristes, ils sont ici. Ils vont voir les crocodiles dans une petite réserve, et pour s'amuser ils achètent des poulets qu'ils leur jettent à manger, pour voir leurs dents immenses...

La rumeur nocturne: il y a beaucoup d'oiseaux, ils se parlent. C'est magnifique. Toujours les crapauds. .. les pauvres n'ont pas peur d'aimer, car c'est leur seule richesse...

J'ai très peur que d'être malade comme ça, ça me démotive à revenir l'an prochain. Deux mois et demi (le demi s'est rajouté pour Ivette et Hanro) dans ce pays, là c'est sûr, je crève ! C'est la première fois que je suis malade lors d'un voyage !

Je n'ai plus envie de parler, je n'ai plus envie d'écouter.

Mercredi 3 février

Je dois attendre 23 h 30 l'avion. Plus d'espoir de retourner dans la rue, je suis trop mal. Fièvre, diarrhée, sang partout. Comment je vais faire ? Qu'est-ce que j'ai ? Je regarde les fleurs au bord de la piscine, j'écoute les oiseaux, je dors.

Ce n'est pas un beau voyage,

c'est un grand voyage.

Chaque jour de ma vie est un beau voyage si j'ai des fleurs à regarder et des oiseaux à écouter.

Le Burkina est un pays comme un autre, avec son lot de souffrance, de misère, on y rencontre des âmes nobles, et des gens pervertis, chez les riches comme chez les pauvres. J'ai eu la chance d'y rencontrer de la grandeur d'âme, c'est tout.

Ainsi ce journaliste, qui s'est un peu occupé de moi, à la pension du Paradis. Lui, je l'ai beaucoup écouté. Un homme d'un âge étrange, que j'avais en effet déjà vu à la télé. Il m'a tenu compagnie dans mon « agonie ». Il est là pour faire un reportage sur les Mossies, pour sensibiliser l'opinion publique occidentale. Ce qu'il me raconte est passionnant. Mais ce peuple a des coutumes qui me terrifient, littéralement, et qui expliquent aussi pourquoi le Burkina en est là. Tout n'est pas si simple.

Le journaliste est un homme passionné, d'une simplicité extrême, sincère, qui n'a rien à prouver. Humble. Son regard pourtant est triste, comme s'il s'était résigné à ne plus rêver.

Encore un regard où le désespoir n'arrive pas à se diluer. Est-ce pour cela qu'il n'a rien à prouver ? Et cependant, je sens qu'il mènera sa lutte jusqu'au bout, jusqu'à son épuisement sans rémission.

Un couple de Canadiens s'assoit près de nous. Ils ont trois enfants. Ils sont venus financer une structure pour aider les « Filles fistuleuses », seulement parce qu'ils ont vu une émission télé parlant de ces atrocités. S'ils n'étaient pas venus, ils auraient eu du mal à continuer à vivre…

Le journaliste a sans doute raison...

Sensibiliser l'opinion publique.

Il paie pour moi la femme blanche opulente de la pension.

On se regarde, sans se dire au revoir, juste un très long regard qui n'a pas d'âge, avec nos deux désespoirs. On sait qu'on ne se reverra jamais.

Le taxi m'éloigne de lui, pour toujours...

La vie   des pauvres tient à un fil. Au
Burkina,
     c'est le manque de pluie qui peut leur faire perdre ce fil,
nous,
     c'est le manque de
Sens.

20 février 2010

Maintenant j'ai fini de recopier mon cahier, qui m'a beaucoup aidée au Burkina.

Le recopier, sans changer un mot, c'était comme si j'étais encore là-bas. Maintenant je ne sais plus où je suis. J'ai perdu mon ciel limpide.

Je suis toujours malade. Plus tout à fait de la même façon.

Je vois des yeux noirs remplis de lumière, partout, tout autour de moi, dans ma solitude de Malleys, qui m'apaise et me réconforte.

Des yeux noirs… Tous ces visages, ces paysages.

Je ne vois plus que ça.

Mais vous êtes là, vous, ces rares personnes à qui je confie ce cahier, vous qui habillez ma vie depuis toujours. Vous serez quatre à lire le Burkina, façon « Moi qui arrive jamais à crever ». …

Les liens que j'ai tissés avec Marthe, Le Pére Théophyle, la sœur Pascaline et Ivette, s'approfondissent, on correspond beaucoup, leur douceur me porte vers un nouveau départ pour ce pays.

Hanro… cher, si cher ami.

Tendre et poète, jeune homme au cœur si grand, à l'isolement si douloureux.

Tout à l'heure, j'ai reçu un mail de lui. Il me disait :

« Grâce au ciel, le sourd-muet dirige les chants et le lépreux tape tam-tam… donc je vis. »

La rose de mon désert

Voici le cahier du second séjour au Burkina Faso, seulement deux mois après le premier. Moi-même j'ai du mal à comprendre ces deux visites si rapprochées au pays meurtri de la pâleur blême du cauchemar. Oui, du mal à comprendre ce qui génère en moi cet appel sans cesse renouvelé, chaque matin, chaque soir, depuis le retour du premier voyage.

Le matin, dans la paix de Malleys, ce sont les bruits des rues fourmilières que j'entends, les radios des maquis-cafés, les klaxons des camions, des bus, des mobylettes.

Le matin, dans la paix de Malleys, à la terre verte et boisée, c'est l'odeur du vent mêlé au sable que je sens. L'odeur de la viande grillée, du poisson fumé, du millet, du to, de l'essence, de la sueur.

Le soir, dans la beauté de Malleys où le crépuscule s'abandonne sereinement au silence, c'est les rues rouge-ocre que j'emprunte, à l'aveuglette, à tâtons, car il fait trop sombre pour éviter les cochons, les poulets, les chiens, les enfants.

Le soir, alors que Malleys dessine un ciel, comme une empreinte finement perceptible, ce sont les cris des enfants aux yeux noirs remplis de désespoir, que je vois tout autour de moi, tendant leur main, dans un élan de faim, que je ne connaîtrai jamais.

Christine, l'arc-en-ciel, avant mon départ, m'a dit : « Ecris un nouveau cahier, nous avons envie d'apprendre, de comprendre ! » Et j'ai promis... sans quoi cette fois, je n'aurais rien écrit. Ce cahier est plus âpre que le premier, donc, plus long.

Jeudi 8 avril 2010

Seize voyageurs passent au dessus du Mali. Seize voyageurs, dans cet avion, qui me mène, me ramène, vers cet autre chez moi, que j'ai quitté il y a deux mois… je crois.

A mes côtés Jean, mon ami, mon compère depuis l'âge de douze ans. Aujourd'hui nous partons ensemble, mais pour deux destinations bien distinctes. Lui va retrouver Ivette, de la Sonoposte de Koupéla. Ivette à qui j'avais donné le mail de Jean, en rentrant du premier séjour. Nous partons ensemble, lui pour aimer Ivette, moi, pour suivre un destin qui se dessine et s'approfondit chaque jour, depuis toujours.

Ouagadougou- Arrivée à l'aéroport à 15 h. La chaleur me submerge, totalement, d'un coup radical. La poussière m'assaille comme une cascade violente qui m'écrase de la tête aux pieds. Avec mon sac à dos, les deux énormes paquets remplis de vêtements pour bébés, donnés par ma chère Hélène, je plie sous le poids.

Hanro est là, il nous attend, quelle émotion ! Je crois rêver, tout va trop vite, il est là à nouveau, devant moi, cher, si cher Hanro, tendre et noble poète. Il est là, si timide qu'il respire à peine en nous voyant approcher. Moi aussi, je respire à peine, car je suis dans cet autre chez moi que je reconnais. Je reconnais tout, les bruits, la lumière, les odeurs, les sensations tactiles, je reconnais le visible et l'invisible de ce pays magique. Mais je reconnais à peine Hanro. Heureusement, il porte les mêmes vêtements que lorsqu'il s'est approché de moi au maquis-café de Koupéla, il y a deux mois… Ce sont ses vêtements que je reconnais, pas lui. Son visage s'est creusé, son corps amaigri, les yeux épuisés, une dent cassée.

Il ose à peine nous saluer, il ne sait pas quoi dire, alors il ne dit rien, il nous guide, vers le bus, qui mène à la Sonoposte de Koupéla.

Hanro, je ne l'aurais pas reconnu, mais l'Afrique, elle, oh oui je la reconnais, mes poumons aussi la reconnaissent. 46 °, c'est l'été, avec sa terre rouge-ocre-sang, les rues fourmilières qui respirent par à coup, comme on crève un pneu, comme on éclate en sanglots,

par à-coups, pour résister à la chaleur atroce, qui soulève mon cœur, mais réconforte mon âme.

Les boutiques, les maquis, les gamelles sur les feux, les enfants au milieu des zébus.

La joie me transporte et je m'élève dans mon ciel limpide qui me manquait. Je m'élève en n'ayant que trop peu d'yeux, pour admirer le paysage défiler, pendant les trois heures de bus... le désert, les carrés-briques, les concessions avec les cases, les ânes toujours aussi vaillants, les hommes et les femmes, encore, à creuser des tranchées, à fabriquer des briques, à travailler la terre. Les villages, les vastes plaines inclinées légèrement. Quelques arbres que j'aimerais un peu plus verts. Parfois la monotonie de l'ensemble est rompue par des vallons, des collines. Le plateau latéritique avec son relief isolé... la nuit qui arrive et pénètre, le bruit du moteur du bus, englouti sous les mobylettes, les vélos, les bagages des voyageurs... je retrouve tout, tout ce que j'ai porté en moi de souvenirs depuis deux mois.

Je retrouve tout, à chaque arrêt, les vendeurs du Néant, qui assaillent la carrosserie comme on monte au front, avec de l'eau en sachet, des fruits, des cartes téléphoniques, des gâteaux, des mouchoirs Lotus, des montres. Et moi j'en pleurerais tellement je suis heureuse, portée par la joie de retrouver ce pays qui ne m'a pas déçue, car il est toujours là. Après deux mois de séparation, il est toujours là, avec son bus si bondé qu'on ne sait pas où mettre les pieds, les mains, et les odeurs de transpirations qui s'assoient déjà sur moi, alors que la nuit est installée sur la savane immense, dont le charme ennoblit toute vie.

Hanro est silencieux, il ne me regarde pas, son visage est tourné vers la savane. Et moi je parle, je parle, je n'en finis pas de parler, de m'émerveiller : « Regarde Hanro comme c'est beau, regarde on dirait qu'en été il y a plus de fleurs ! Regarde le coucher de soleil sur les corbeaux, c'est magnifique ! » Comme si Hanro ne connaissait pas son pays ! Mais mon ciel limpide qui resplendit de bonheur, ça, ça le fait rire. Alors son rire magnifique remplit l'espace, porté par le vent, qui rejoint le levant de tous les univers... le rire de Hanro !

Jean dort ! Il ne voit rien de l'Afrique !

Le destin des gens me fascine. Tant de chemins différents, d'ambitions, de quêtes, de centres d'intérêts qui se croisent, se composent, se décomposent sans cesse, dans un perpétuel mouvement, au milieu de cette magistrale incapacité qu'ont les êtres humains à cohabiter. L'incapacité à cohabiter…
Je suis transportée par l'allégresse. Une allégresse qui se répand dans toutes les veines de mon corps. Un enthousiasme démesuré, au- delà de l'au-delà…

Koupéla, Dieu de l'Afrique ! Le bus passe devant la légendaire Sonoposte, tenue par Ivette. Elle nous attend à la gare ; la lune est pleine, remplie de l'attente de chacun. Ils font connaissance, le temps que je récupère les bagages. Leur rencontre ne permet aucun doute sur leur avenir… leur destin me fascine ! Jean ne quittera pas la Sonoposte durant quinze jours, il ne verra de l'Afrique que le trajet : carré-brique de Ivette- Sonoposte, qu'il fera à pied, en vélo, en scooter. Il ne verra de l'Afrique qu'un monde exclusif, excessif, celui de la naissance d'un amour…

Le destin des gens me fascine !

Koupéla à deux heures du matin est magnifique. Nuit noire cendre, la chaleur opaque plombe le ciel, alourdit la terre. Tout est calme, quelques lumières électriques et des lampes tempêtes domptent l'obscurité. Des enfants, encore, longent le bord des pistes, et moi je pleure de joie, une joie qui me confirme dans la béatitude de mon ciel limpide. Je suis chez moi, avec ma famille noire.
Je ne suis pas fatiguée, pas du tout, au contraire.

J'offre à Hanro tous ses cadeaux, et il y en a ! Je lui remets la photocopie de l'enregistrement de l'association « Hanro », faite auprès de la Préfecture de Haute-Loire. Je lui remets les 200 euros, en lui expliquant que deux familles très généreuses ont aidé l'association, et que nous avons déjà quelques adhérents. Les blancs ne laissent pas toujours les noirs crever au bord de la route…
« Cet argent, c'est pour que tu manges, et pour tes études. »

Je lui donne 50 euros pour que le temps où je resterai à Koupéla, il règle tout, les repas, les cafés, l'eau en sachet, tout. Je ne veux pas que les gens voient qu'une femme blanche l'entretient.

Hanro ne dit rien, absolument rien, il regarde par terre, un long moment, très long moment, puis :
« Comment va Bérengère, celle qui a fabriqué l'oiseau que tu m'as offert ?
Je pense que je ne comprendrai jamais tout des Africains !

Alors Hanro se met à parler, en s'agitant, il essaie de me raconter sa vie, sans doute une façon de remercier, et d'expliquer pourquoi il en est là. Il a fait la guerre en Côte-d'Ivoire, avec fusil et machette. Il n'a tué personne ; par contre, lui, il a ramassé ! Les cicatrices de ses jambes sont si profondes et multiples que je ne comprends pas comment il peut encore marcher. Ses poignets aussi conservent des séquelles sérieuses, sa main droite écrit très difficilement. Son oncle décédé et son père ont perdu tous leurs biens, leurs terres cultivables. Hanro a été envoyé au Burkina pour y faire ses études, mais sa famille ne peut plus lui envoyer d'argent.
« Pourquoi ne rentres- tu pas chez toi ?
- Chez moi, c'est ici, mon père est burkinabé, ma mère seule est ivoirienne. Et je dois avoir mon bac. Sans mon bac, je ne pourrai pas continuer mes études, et je n'oserai jamais revoir les miens.
- Savent-ils dans quelle situation tu es ? Leur as-tu dis ?
- Non ! Mon Grand-père m'a appris à ne jamais me plaindre et à ne jamais demander de l'aide, jamais ! »
Et tout ça avec un accent qui fait que sans cesse je lui demande de répéter et d'articuler.
Hanro ne m'a jamais demandé de l'aide, c'est vrai, jamais, à aucun moment.

Il va donc aux cours du soir, au lycée de Koupéla. Et puis un jour, Hanro fera vivre toute sa famille, il ne veut pas que ses frères et sœurs souffrent ce qu'il a souffert. Un jour, il changera la politique mondiale, sauvera les gens de la famine, rétablira la

justice, l'honnêteté… Quand je serai grand, je sauverai le monde…

Et moi je l'encourage, en lui disant que nous l'aiderons au mieux. Je l'encourage car le destin des autres, je ne peux que l'accompagner, ou m'en protéger, mais pas le juger. Et qui sait….

Hanro a juste 24 ans, et il est si beau dans ses révoltes permanentes. Il a écrit des poèmes, des pamphlets, contre le pouvoir burkinabé, qu'il a distribués dans les rues. Il a écrit pour le Parti Communiste Révolutionnaire, une déclaration contre Blaise Compaoré (actuel président), qui se termine comme suit : « Pain et liberté pour le peuple. »

Il reçoit des menaces cinglantes, des menaces qui pourraient se transformer en actes, il le sait, nous sommes en Afrique. Mais il n'a pas peur de mourir… lui non plus. Il n'a pas peur de mourir si c'est pour une noble cause !

« Je sais Hanro. Je comprends. Mais tant qu'à faire, que ta mort ne passe pas inaperçue dans un coin sombre des rues de Koupéla. Tant qu'à faire, que le monde entier soit au courant, et que tu meures avec panache pour une cause qui fera écho, qui marquera le peuple !

- Tu as raison! »

J'aime bien quand il me dit que j'ai raison. J'aimerais surtout qu'il se protège un peu et qu'il ne se fasse pas exploiter par le parti, qui à mon envie l'envoie en première ligne.

« Hanro, il faut que je dorme maintenant. Merci d'avoir réservé cette chambre pour moi au « Calypso ». C'est un endroit tranquille et Adhama, le « logeur », a l'air très gentil.

- Alors, je demande ma route ! *(expression africaine pour prendre congé)*

- Je te l'accorde. »

Sur le lit, la chaleur de mon corps pénètre le matelas, et remonte pour m'envelopper. Tout est chaud, l'eau, ma transpiration qui tombe en gouttes brûlantes, l'air, mon souffle, le sol, les murs… et c'est la nuit.

Je pense à la famine qui touche le Nord du Burkina et descend lentement, rampant insidieusement telle une couleuvre menaçante, lentement, et qui mord tout ce qui vit… la famine gagne du terrain, un terrain vendu par les politiques burkinabés aux firmes agro-alimentaires capitalistes… le néocolonialisme agricole qui prive les paysans de leurs ressources, et crée un déplacement de population vers les villes, la misère, la famine, les désastres écologiques. Cultures à outrance de soja, de palmier à huile, de jatropha.

Tout ça pour le profit de quelques groupes industriels et de banques… Les multinationales ont acheté le Bénin et tant d'autres pays. Au Burkina ça commence. L'aménagement de la plaine de Samendéni est destinée aux monopoles étrangers ; par ailleurs une grande campagne est lancée à travers le Larlé Nabe pour promouvoir la culture du Jatropha pour la production de bio-carburant à la demande de compagnies allemandes et cela au détriment des cultures vivrières.

Je n'arrive pas à dormir.

<u>Vendredi 9 avril</u>
Nausées, diarrhée, déjà !

Je sais que c'est dû à la chaleur. Je bois, je ne cesse de boire, de l'eau tiède, chaude. Je bois à la super gourde anti-amibes de Véro (qui aurait pu la prévoir isotherme) toute l'eau que je trouve. Et pourtant je n'urine pas. Tout se transforme en transpiration.

J'ai besoin de bouger pour lutter contre les 47°. Bouger, c'est mon truc. Si je ne bouge pas, la température va me tuer. Alors je danse, je gesticule et je sors dans les rues fourmilières.
Je serre des centaines de mains : « Bonne arrivée… bonne arrivée… ».Je me noie dans la fatigue de tous ces visages qui luttent autant que moi.

Une femme nue, entièrement nue, au corps détruit, à la poitrine anéantie, marche vers un endroit que je ne connaîtrai jamais. Elle marche dans le vide de son âme qui n'a pas attendu la mort pour passer de l'autre côté.

Des hommes m'abordent, me demandent en mariage... Etrangement ce n'est pas réconfortant du tout. Ils sont pressants et vulgaires.

Mais j'ai trouvé le truc qui calme instantanément :

« Ce n'est pas bien, vous êtes des hommes mauvais, Dieu ne vous bénira pas, vous irez en enfer ! »

Je suis seule. Je passe mon temps à faire des photos, à faire mon reportage imaginaire. Car ici il faut s'occuper. Il n'y a rien à faire, rien. Et la chaleur guette la proie fragile. Alors je me crée un reportage imaginaire, et j'ai beaucoup de travail. Tout le monde saura bientôt que je suis reporter ...

Je cherche les yeux noirs remplis de lumière, mais de lumière il n'y en pas. Ce second séjour s'annonce très différent du premier.

Les enfants sont nus, c'est l'été. Leurs corps sont maigres avec toujours ce ventre démesuré qui appelle, qui appelle quelque chose à manger.

Je vais me réfugier chez Hanro, logé dans un carré-brique que lui loue une grand-mère. Cette femme a de l'argent pour avoir une concession qui comprend sa maison brique, des poules, une douche à ciel ouvert avec des seaux que l'on peut remplir à un robinet, un trou pour les toilettes, le carré-brique de Hanro, une grande cour, tout cela entouré d'un mur, avec un portail en fer cassé. Elle a de l'argent, pourtant je ne vois absolument rien qui pourrait faire penser à une famille aisée. Rien. Aucun objet, aucun vêtement, aucune nourriture, rien, je ne vois que la misère. Par conséquent, c'est quoi être aisé chez eux ?

Hanro n'est pas chez lui, et il fait aussi chaud dans cette cour qu'ailleurs, bien sûr. Mais trois enfants sont là, dont la petite orpheline que j'avais prise en photo la dernière fois, la première fois, où je suis venue dans cette cour. Elle est toujours là. Je la reconnais.

La grand-mère en a la charge, en plus de deux autres de ses petits-enfants. Elle me demande de l'argent pour l'orpheline, la fille de son fils décédé, que je prends à nouveau en photo. Impossible qu'ils puissent croire que le blanc est une couleur de

pauvre, impossible. Alors je donne une belle somme, pour cette enfant aux poignets tremblants, qui ne saisiront jamais aucune chance. Elle souffre de fièvres, de fièvres terribles, son regard est ailleurs, elle ne parle pas, elle ne veut pas parler. Son père est mort quand elle est née, sa mère a disparu. Elle ne veut pas parler, elle ne veut pas sourire non plus.

Je joue avec les trois enfants ; je leur raconte des histoires stupéfiantes, avec des gestes qui tournent dans tous les sens en aile de pigeon, complétés par des changements brusques d'intonation. Leurs yeux commencent à laisser pénétrer la lumière. Alors j'y mets encore plus de cœur, et ils commencent à rire. Ils ne comprennent rien, ça tombe bien, moi non plus ! Nous sommes dans un pur échange de gestes, de sons.

La petite orpheline de sept ans, elle, me regarde avec un regard qui ne croit en rien. Pas plus en mes histoires qu'en la vie qui l'attend.

Dans les rues, les gens n'ont plus grand-chose à vendre. C'est la fin de la saison, ils ont presque épuisé leur stock de denrées... Dans le nord, la famine descend, lentement, rampant insidieusement telle une couleuvre menaçante, lentement, et qui mord tout ce qui vit…

Dans les rues fourmilières, une étrange densité de l'air, opaque, qui plonge Koupela dans un nuage angoissant, qui bat des ailes sournoisement, déplaçant le sable rouge-ocre, tel un fantôme qui guette les âmes déjà dans un monde silencieux.

Coupure d'électricité ! Oh misère ! Le ventilateur de ma chambre s'est arrêté, plus d'eau. Apparemment l'eau et la lumière fonctionnent ensemble. La lampe frontale de Jean-Mi ne marche pas, le plastique a fondu, je n'y vois rien !

Je vomis, et il n'y a pas d'eau, même chaude ! Qu'y a-t-il donc dans ce pays que je n'arrive pas à digérer ?

Le dentifrice est brûlant, les sprays pour l'asthme ne fonctionnent plus.

Peu de moustiques. J'ai bien fait de ne pas prendre le traitement anti-paludéen.

Hanro frappe à ma porte :

« Les cours sont finis à cause de la coupure d'électricité. Tu vas bien ?

- Non, j'ai vomi.

- Déjà !

- Ne t'inquiète pas : c'est le climat. Il fait trop froid chez vous, ça va passer ! »

Dans l'obscurité, Hanro me conte une histoire Gourmachev, de la région de son père. Une histoire avec un singe, un caméléon, un lion, dans la savane africaine. Une histoire qui explique de façon très judicieuse qu'il ne faut pas juger sur les apparences.

Et moi j'écoute, je regarde dans l'obscurité, je suis bercée comme dans un rêve. Parce que le conteur s'enflamme, ses bras, ses mains s'embrasent, accompagnant sa voix aux accents africains remplis de couleurs. Il est dans l'expression instantanée, où se reflète tout un savoir ancestral, transmis de génération en génération. Hanro est à la fois le singe, le caméléon, le lion, la savane, c'est magistral. J'applaudis.

Maintenant c'est à mon tour. Zut, il va falloir être à la hauteur et je suis si fatiguée. Rien ne me vient en tête, je suis encore dans le conte de Hanro, dans l'émerveillement…. Cendrillon ! Oh que j'ai honte, je lui raconte Cendrillon !

Ici il fait totalement nuit dès dix huit heures. Nous sortons dans les rues noires. Je m'accroche discrètement au magnifique cartable que Nicolas lui a offert par mon intermédiaire, et que Hanro arbore avec fierté. Un cartable qui vient de France, ça se porte en bandoulière… avec fierté…

Ce que j'ai compris, c'est que les Africains y voient très bien dans l'obscurité. J'ignore par quelle magie c'est possible, mais ils y voient dans la nuit la plus sombre… Pas moi ! Donc je m'accroche au cartable.

« Je t'invite à manger du poisson, c'est cher mais tu vas aimer. Et puis c'est mon ami qui fait griller. Apollinaire le poissonnier ! »

Venant de vomir, je redoute l'épreuve. Mais Hanro est heureux, je le vois, il est heureux, et ça me suffit.

Hanro en chemin a oublié que c'est moi qui lui ai donné 50 euros. Alors il est rempli d'allégresse de pouvoir m'inviter chez le poissonnier, d'offrir de l'eau à des personnes que l'on croise, de donner des pièces aux enfants. Il est heureux.

La nuit s'épaissit. Même sans lumière aucune, la poussière fait écran.

Je suis sale, déjà, les vêtements lourds du poids de la terre de nos ancêtres, qui nous mettent en garde, pour ce que nous faisons du monde qui nous a été confié.

Des lampes tempêtes, de-ci de-là, appellent le sable du désert, pour qu'il reprenne ses droits sur la ville.

Quelques boutiques (trois murs et une taule au-dessus) ne veulent pas s'endormir. Des hommes repassent avec acharnement avec des fers en fonte, à charbon de bois. Des femmes surveillent encore leur étal de mangues sauvages, un homme nettoie sa boutique en brique et en natte de millet avec un balai-tige. Il fait la poussière… mais celle qu'il soulève est telle que les yeux me brûlent et que je m'étouffe. Faire la poussière ici, c'est très courageux. De toute façon faire le ménage, où que ce soit, c'est toujours une opiniâtre volonté de déplacer la poussière !

Apollinaire le poissonnier…

Un congélateur à l'agonie rempli de poissons qui viennent du Japon…

Je ne comprendrai jamais tout des Africains !

Un bidon coupé en deux, posé sur des pieds en fer, avec une grille… Un banc pour les clients, deux petites tables.

Il faut décongeler le poisson, ça, ça ne devrait pas prendre trop de temps… le vider, le faire cuire, y ajouter oignons et épices… Deux heures trente, montre en main. Ce n'est pas grave, je n'ai pas faim. Hanro m'enseigne son pays, je lui enseigne le mien. Il ne comprend pas les comportements occidentaux.

D'un coup il me raconte la vie de St-Exupéry, son œuvre… Je lui avais offert Le Petit Prince dans le colis d'il y a un mois, avec l'oiseau de Bérengère, un dictionnaire, etc… Je ne dis rien, je suis sidérée, il en sait plus que moi sur St-Exupéry… Il s'est informé.

Les cochons et les chiens, museaux au sol comme des têtes chercheuses, guettent une miette tombée dans le sable nocturne.

Le poisson arrive, dans un plat pour deux. Je cherche les couverts... on m'explique que je dois me laver les mains. J'ai compris, pas de couvert, pour un poisson en sauce ! J'arrache délicatement un petit morceau à cet animal sous-marin venu du Japon, le porte à ma bouche, les oignons tombent sur mon pantalon.

Hanro, lui, y arrive très bien, et ne laisse rien perdre.

Je remercie tout le monde pour ce fameux poisson venu du Japon.

Je remercie Hanro pour son invitation.

« C'est normal, tu es mon amie, je te dois beaucoup, tu m'as redonné goût à la vie.

- ......

- Demain je t'emmènerai à la mosquée comme tu l'as demandé, pour que tu connaisses toutes les façons de prier Dieu. Mais il te faudra une jupe. Moi je t'attendrai dehors. Et toi tu m'apprendras la méditation bouddhiste, j'ai lu ton livre, je pense que c'est très bien.

- Mais quand donc as- tu lu ce livre ?

- Cette nuit. Et plus tard, quand j'aurai de l'argent, je te construirai une case pour toi toute seule, avec un orphelinat ! »

Je rentre à ma chambre, rassurée sur mon avenir, je n'ai plus peur pour ma retraite.

« Bonne nuit, mon ami.

- Esther. C'est la persévérance dans l'erreur qui rend les choses diaboliques.

- .... »

C'est bien : nous avons les mêmes références sur l'humanité.

-« Bérengère, elle doit être triste toute seule sans Michel, juste avec ses deux poules ! »

Oui, je crois que je ne comprendrai jamais tout des Africains.

Le ventilateur brasse de l'air corrompu, la douche est chaude, l'urine est brûlante.

Je me réveille dans la nuit, je comprends pourquoi, le ventilateur ne marche plus ! Je vais dehors, ce n'est pas mieux, où aller pour trouver un peu de fraîcheur ? Je ne dors pas.

Samedi 9 avril

Un homme pour se marier doit former la dot de la jeune fille. Ceux qui habitent la campagne, cultivent pendant trois ans au moins les champs du beau-père, des oncles, des cousins, pour former cette dot. En ville c'est différent. Je rencontre beaucoup de jeunes hommes, qui n'ont pas l'argent pour la dot. Par conséquent ils ne peuvent se marier, et sincèrement ils en souffrent beaucoup, car ils savent qu'ils se destinent à une vie de solitude, bien que leur cœur soit épris d'une femme…

Beaucoup d'enfants ont le paludisme. On me le dit, je le vois. Des torrents de sueurs sur leur front. Toujours ces ventres nus qui n'attendent plus rien pour exploser de douleur.

Beaucoup d'enfants, bien trop nombreux, ont un nombril qui a formé une excroissance, qui parfois atteint la taille de mon poing. Les veines autour de ces abcès sont gonflées comme des ballons, prêts à s'envoler, pour oublier qu'un ventre d'enfant doit être apaisé. Je n'ose demander quelle est cette maladie ; j'ose encore moins prendre des photos bien sûr. Mais ils sont très nombreux à avoir cette anomalie, qui se distingue également chez certains adultes.

Hanro m'emmène chez le Grand Guérisseur- sorcier du village (car décidément je ne vois pas en Koupéla une ville). L'homme est riche. Apparemment ce métier rapporte beaucoup d'argent, et on va plus volontiers voir cet homme que l'hôpital. Le sorcier est très heureux car c'est la première fois qu'il soigne une blanche. Par conséquent il me fait l'honneur de me faire visiter sa grande concession. Plusieurs cases remplies de femmes et d'enfants. Au centre une dalle… C'est là où repose son illustre père, un des plus grands sorciers de la région, un sage.

J'apprends ainsi que les gens enterrent leurs morts dans leur cour, pour ceux qui ont une cour bien sûr. Car il n'y a qu'une

morgue au Burkina, elle est à Ouagadougou. Or les morts sont nombreux et il faut faire vite, au risque qu'ils ne soient pas vraiment morts, ce qui arrive souvent. Donc le « talus » dans la cour de Hanro, c'est le mari de la grand-mère... Aïe ! Et moi qui jouais sur le talus !

Chez le sorcier, ça sent bon. Des plantes sèchent partout, comme dans un laboratoire d'alchimiste, des flacons, des bouteilles sacrées. Les parfums dilatent mes narines et je hume tout le savoir ancestral.

D'abord il chasse les fantômes de mon corps, c'est un grand moment, inoubliable. Il prépare ensuite moult potions avec un doigté parfait, des gestes précis, mélangeant des poudres, des herbes, des plumes, des pattes de je ne sais quoi, des grigris, des dents... et là je reconnais tout ce qui se vend sur le marché. J'avais pris cela pour des étals d'épices, et de bijoux africains, mais pas du tout. C'est toute la panoplie magnifique pour que chacun puisse jouer à l'apprenti sorcier. Ces objets sont vénérés, car tous croient à cette médecine occulte, ils y croient profondément

Je repars avec mes poudres, je me courbe devant l'homme, qui m'inspire un profond respect. Son sourire est sincère, et dans son regard une paix profonde est installée pour l'éternité. Je remercie d'avoir soigné mon mal de ventre et chassé les fantômes de ma vie! Dommage qu'il ne soigne pas le nombril des enfants.

Je passe vérifier que Jean va bien. Il est assis sur le fauteuil de la Sonoposte, comme d'habitude, aux côtés d'Ivette. La bouche légèrement ouverte, pour respirer plus aisément... Tout va bien, il est heureux, comme un coq en patte. En plus il prend du poids, bien nourri par Ivette. Là, il faut le faire ! Prendre du poids dans ce pays, c'est un tour de force! Il me promet que demain il arrivera à traverser la rue pour aller au maquis-café de mon ami, dont je n'ai pas compris le nom (leur accent m'empêche parfois de tout saisir).

Je fais mon train, entre la rue et mes amis, les beignets à distribuer aux enfants, mon reportage, j'ai tant de choses à faire, que je me demande si je n'en invente pas un peu. Je grouille, je cours presque, pour remplir toutes mes tâches. Mon corps est gonflé de la tête aux pieds, 48°.

Il y a des margouillats énormes. Nicolas serait content. Ils sont bien plus gros qu'en Martinique ou qu'au Cap Vert. Et il y en a vraiment beaucoup.

C'est l'heure d'aller au lycée, où j'ai été invitée par le professeur de français à assister à son cours. Hanro passe me prendre à la Sonoposte avec un scooter prêté par un étudiant, car le lycée est à une demi-heure de marche, et nous sommes en retard. Le scooter ne veut pas démarrer, rien à faire. Je demande à Jean de bien vouloir pousser. Oh le pauvre ! Jean pousse péniblement, ça démarre... ça cale... il pousse... ça marche... ça cale... fou rire généralisé dans la rue. Un blanc en nage, qui pousse le scooter avec un Africain dessus, ça fait rire tout le monde, et nous aussi, on est pliés en deux.
C'est bon, nous sommes partis.

Je ne m'attendais pas à voir un tel lycée. Perdus au fin fond de la savane, comme tombés du ciel, des bâtiments rectangulaires, toits en tôles, une porte, deux ouvertures en guise de fenêtres. A l'intérieur, c'est inimaginable ! Des bancs en bois, trop petits pour des adultes, des bureaux d'écoliers comme on en avait il y a soixante ans en France, ceux- là même que nous mettons aujourd'hui dans nos salons en guise de décoration. Un immense tableau noir de la largeur du bâtiment, des craies blanches, un seau d'eau pour effacer. J'ai du mal à tenir devant mon bureau trop petit, je ne sais pas comment m'asseoir.

On m'accueille très chaleureusement et j'écoute :
« l'apprentissage du commentaire composé », à partir du poème de Bernard B Daché, poète burkinabé : La ronde des jours 1956. Ce poème est un cri d'appel à la liberté, un cri pour lutter contre l'esclavagisme, un cri de révolte contre l'homme blanc... Je me sens un peu mal à l'aise. Même le professeur s'excuse, il est très gêné, il ne l'a pas fait exprès.

Ici pas de photocopies, tous les élèves notent ce que le professeur écrit au tableau.

Hanro participe beaucoup. Il frôle le génie. Il analyse mieux le poème que son professeur, qui n'étant pas titulaire, gagne 30 euros

par mois. Une femme enceinte participe aussi. La nuit est noire et un seul néon éclaire la classe qui doit faire 60 mètres carrés. Heureusement, les Africains ont cette faculté de voir dans l'obscurité. La chaleur sous le ciel tôlé est meurtrière. Je suffoque, mon cerveau bout comme du lait qu'on aurait laissé déborder. Hanro a mal à la tête : rien d'étonnant. Ils ont un courage insensé. Ils devraient donner les cours dehors, dans le sable rouge-ocre. Mais comment font-ils ?

A la fin du cours, le professeur me remercie sincèrement, ainsi que les élèves, pour ma présence. Moi j'ai honte.

« Que pouvez-vous nous dire, s'il vous plaît, un mot sur le cours ! »

J'aurais voulu dire que ma honte d'être blanche est profonde, car ma génétique transporte toutes les atrocités engendrées par les blancs. Atrocités qui se perpétuent encore, tranquillement, aujourd'hui, car nous avons l'habitude d'exploiter les plus pauvres pour servir nos besoins quotidiens, et cela, historiquement, depuis toujours, par tous les moyens.

Que j'ai honte que l'homme n'aie pas conscience qu'il fait partie d'un tout, car nous sommes tous un maillon de la chaîne, que nous brisons sans cesse, en s'en moquant, du moment que nos enfants à nous peuvent faire de la flûte ou du judo. Que j'aimerais que les choses s'inversent, ne serait-ce qu'une semaine. Que ce soit les enfants blancs qui mangent du carton, de la poussière, qui mendient avec leur nombril blanc en forme de fromage sarde. Que les adultes blancs souffrent au quotidien, luttent comme des damnés, pour réussir à croire que demain, le jour se lèvera quand même. Que les blancs passent leur journée, épuisés par la chaleur, à rester derrière leur étal de tomates qui se pourrissent parce que personne n'en achète, et que le soir, ils dorment sur un banc en bois, car ils n'ont rien d'autre. Juste une fois, une semaine, pour voir, pour rire, juste une fois inverser l'histoire des colonisations, de l'esclavage, des injustices. Juste une fois pour voir si les blancs appellent au secours, à l'aide…

Juste pour voir s'ils peuvent encore vivre après ça, vivre en faisant comme si de rien n'était. Parce que la misère des autres, on ne veut pas la voir, surtout quand on y participe, on ne veut surtout pas la voir, c'est bien trop dérangeant, ça risquerait de rompre l'harmonie de nos préoccupations capitalistes.

J'aurais voulu dire que je suis triste de sentir que les noirs sont encore en admiration devant les blancs, car c'est toute leur histoire qui les a soumis, et ça, c'est imprégné dans leur mémoire collective, et ce n'est pas prêt de passer.

-« C'est un grand bonheur qu'il y ait des poètes, que l'on puisse les étudier, quelle que soit leur nationalité, quelle que soit leur couleur. La poésie fait partie du sublime qui nous permet de parler le même langage ». On m'applaudit et moi je me trouve stupide.

On retourne à Koupéla (qui veut dire Pierre Blanche) en courant, dans la nuit… Oh mon Dieu ! On grouille car je vais manquer la mosquée. En courant je pense au niveau scolaire. Il est inférieur, hélas, sans aucun doute, à celui de la France. Je m'inquiète pour Hanro.
« Ivette t'a donné la jupe ?
- Oui, elle est dans mon sac.»

Trop tard, Le micro diffuse la voix de l'Imam et de ses prières monocordes, qui amènent une douceur certaine dans la ville enchaînée par la peur du lendemain. La voix de l'Imam allège la chaleur de la nuit, comme une berceuse chantée au théâtre de la tragédie humaine.

Au loin, des tambours tribaux accompagnés de chants… C'est la première fois que j'en entends. Car il n'y a pas, comme on l'imagine, de joueurs de djembé partout dans les rues. Les Africains ne s'amusent pas beaucoup, faut pas croire ! Les joueurs de djembé sont à Ouaga, dans des groupes traditionnels, qui se produisent à l'occasion de fêtes. Joueur de djembé, c'est un métier. Ce que j'entends, ce sont des funérailles au rythme des tam-tams. C'est magnifique. Les familles attendent parfois plus d'un an, afin

de réunir l'argent pour pouvoir les célébrer. L'enterrement est donc dissocié des funérailles, qui sont un souci permanent.

<u>Dimanche 10 avril</u>

Je parle avec mes amis. Celui du maquis-café en face de la Sonoposte, la « gérante »

(c'est comme ça qu'ils disent ici) du maquis-café en face du maquis-restaurant, la jeune fille de la photocopieuse, la maman Peul toujours assise à la même place, jours et nuits, à vendre du charbon. Les enfants qui me connaissent bien, auxquels j'achète des beignets par dizaines. Le vigile de la Banque, mon « logeur » Adhama, un jeune homme très attachant, d'une grande beauté, et d'un courage sans faille. En fait il est l'employé de la buvette « Le Calypso », qui loue aussi quelques chambres, surtout destinées aux femmes les plus courageuses d'entre toutes : les prostituées.

Adhama, il est si beau, que je ne l'ai même pas pris en photo. Le plus beau visage masculin de Koupéla, un visage de 22 ans, je n'ai pas osé le photographier.

Beaucoup de crânes meurtris, abîmés, des œdèmes impressionnants sur les cous, les joues, pas mal d'estropiés, de gens sur des planches de bois à roulettes. Chez les adultes, des maladies visibles, que j'ai peine à regarder.

Les enfants qui supplient avec leur boîte de métal. Ils supplient leur peuple, pas moi, ils ne me demandent rien. Alors je ferme les yeux, pour mieux entendre leur plainte. Elle est sans voix, étrange, sans intonation, répétitive, comme une litanie sans fin, portée par des yeux sans vie, sans timbre, venus d'un endroit que je ne connaîtrai jamais.

Jean arrive à traverser la rue... maquis-café !

Le maquis-café, c'est quoi ?

Un peu comme chez Apollinaire le poissonnier. Une baraque plus petite, un banc devant, une boîte de nescafé et du lait concentré sucré, en boîte aussi. Parfois du thé Lipton en sachet et du riz en sauce à manger.

Hanro nous voit en passant et se joint à nous. Koupéla, ce n'est pas grand. Mon ami qui tient le maquis nous explique qu'il vit dans sa boutique. La nuit, il dort sur le banc. A la saison des pluies, il rejoint sa famille à la campagne, pour semer les quelques terres qu'il possède, et il revient au maquis-café. L'homme boite, il a mon âge, il a du mal à marcher.

Il est représentatif de la vie du plus grand nombre…

Jean ne voit pas de misère dans tout ça !!!!! Il trouve que les enfants sont bien élevés et bien soignés. Forcément il ne côtoie que les gens qui ont l'argent d'aller à la Sonoposte et comme enfant, il ne connaît que la nièce d'Ivette.

-« Pourquoi ne donnes-tu pas des pièces ou à manger aux enfants, qui vont si bien, avec leur boîte autour du cou ?

- C'est une mauvaise habitude !

- Pourtant les Africains leur donnent !

- Oui, justement, il ne faut pas qu'ils s'habituent à ce que les blancs donnent aussi. Et je ne trouve pas qu'ils soient dans la misère, c'est juste qu'ils ont une vie différente de la nôtre.

- Ah ! »

Hanro ne dit rien. Moi, mon cerveau commence à faire déborder le lait !

« Ivette qui gagne 60 € par mois, qui est donc aisée, elle pourtant, tu la plains.

- Ah oui, car elle a en charge ses trois frères et sœurs.

- Bien sûr, comme tout le monde ici !

- Toi de toute façon, tu vois la misère partout.»

Hanro ne dit rien. Moi, le lait déborde. Je connais Jean depuis l'âge de douze ans… je croyais le connaître…

« Et toutes les maladies qu'on voit sur les gens ?

- Ouais, ouais… Ici c'est comme ça, ils sont habitués. »

Hanro se réveille : « La misère elle est partout ! 1,02 milliard de personnes souffrent de famine, en Mongolie, Corée du Nord, Philippine, Népal, Birmanie, 19 pays africains, le Bangladesh, Haiti, et dans les pays développés 15 millions de gens meurent de faim, même chez vous il y a des malheureux ! »

Non, j'y crois pas, Hanro a déjà lu la revue « L'humanité » : Comment nourrir la planète en 2050. J'y crois pas, il l'a lue, intégrée, apprise par cœur !

« Oui mais il y a des associations qui aident.

« Elles aident, Jean, elles soutiennent, mais rien n'y fera, c'est beaucoup trop tard. Elles aident à maintenir un semblant de survie, et c'est déjà beaucoup. Mais c'est trop tard. Dans six ans, le Burkina sera classé dans les pays qui souffrent de famine...

Mais Ivette d'ici là sera en France, donc tout va bien !

- Oh toi, t'as toujours été comme ça, depuis qu'on a 12 ans ! On peut pas sauver le monde !

- Tu as raison, on ne peut rien faire, mon Dieu, on ne peut rien faire du tout. Seuls les Politiques ont le pouvoir d'agir, mais ils prennent la mauvaise direction. Pourtant on peut au moins être lucide et vivre en ayant conscience de ce qui se passe.

- Et tu crois que tu es heureuse en vivant comme ça.

- Bien sûr que non, ce n'est pas le but. Mais je préfère être comme je suis, même si je souffre, que comme toi. Parce que dans tout ça, c'est qui les plus à plaindre ? »

Jean est représentatif de l'avis du plus grand nombre...

J'ai besoin de Ventoline, un peu d'air, je suis trop en colère. Une bouffée d'oxygène !

Alors je pense à Véro, à Christine et Christian, à Nicolas, Handrew, Gigi, Hélène, je pense très fort à eux, à ces personnes éclairées qui vivent en conscience et qui luttent tellement, chacune à sa façon ! Certains dans la plus grande des souffrances, d'autres dans la joie et l'enthousiasme. Mon Dieu que j'aimerais que vous soyez tous là !

« Sois forte, bats-toi. Crois en toi, ne jette jamais le manche après la cognée, courage. Moi, mes efforts ont souvent égalé mes souffrances et sans gain de cause. Mais je sais qu'une bonne récolte équivaut à une calebasse pleine de sueur. Il faut souffrir dans son champ pour espérer récolter.

« Hanro, je n'ai plus cette force-là. »

Un blanc m'a dit : « Ils étaient plus heureux quand on les colonisait. C'est leur faute. Il vaut mieux être fouetté et manger, que rien foutre et crever de faim.

-!!!! ????? »

Je vais me perdre dans la banlieue de Koupéla. A savoir, je prends une rue, et au bout de 100 mètres, plus que du sable rouge-ocre, quelques concessions égarées. Tout est paisible.

Je marche et marche. La chaleur gonfle mes artères, je suffoque, vertiges, je titube, mais la beauté du sable vivant qui danse une valse en Ré mineur, remplie de regret et d'amour, me retient. Comme c'est beau, cette couleur fascinante ocre, rouge, lumineuse, qui protège les cases, l'air, les parfums. Peut-être que cette couleur rouge-ocre, c'est le Dieu des Africains. Comme c'est beau ! Je suis dans une totale admiration, un émerveillement absolu, malgré les détritus qui envahissent tous les espaces.

Cette nuit, l'Afrique vit plus que les autres soirs, je ne sais pourquoi.

Les visages que je croise sont beaux, dignes, nobles, aux traits fins, et nourris d'un combat ancestral. Toutes les ethnies sont mêlées. Bobos, Bwas, Kurumbas, Gouins Lobis, Gans, Doroyes, Yadsés, Peuls, Gourounsis, Pougoulis, Sénoufos. Chacun son dialecte spécifique. La langue française tente de créer une unité linguistique, mais c'est difficile. La langue Mossis est davantage parlée, j'ai l'impression, que le français. Comme c'est beau, ce melting-pot intra-muros ! Des enfants courent, rient, crient. C'est réconfortant, les enfants trouvent toujours le moyen de s'amuser.

Je n'arriverai jamais à cerner en regardant les concessions, ou les carrés-briques, qui est riche et qui ne l'est pas. C'est plus visible au niveau vestimentaire, et surtout à l'assurance de certains, qui débordent d'orgueil et de mépris pour le reste de leur peuple. Bref, je me perds, sans savoir si je suis dans un bidon ville, ou un quartier cossu. Je n'y vois rien. Ah, un scooter à l'arrêt avec le phare allumé. Je pousse un cochon, un zébu m'effraie dans la pénombre, et un chien aboie contre moi.

« Pourriez-vous m'indiquer, s'il vous plaît, par quel chemin je peux retourner au centre de Koupéla ? »

Les Africains ne laissent pas un blanc crever au bord de la route, c'est connu ! Il m'emmène en scooter à Koupéla. Je lui tends une pièce, il rit et refuse.

« Que Dieu vous bénisse ! »

Et je serre dans ma main le voile blanc béni par le Lama Tempa, en lui demandant de les protéger tous. Je pleure.

Devant la Sonoposte, Hanro m'attend depuis deux heures, il n'est pas content, il s'inquiétait.

« Tu as encore manqué la mosquée ! C'est toi qui veux y aller !

- A croire que je n'y ai pas vraiment le goût. Désolée, Hanro, de m'être perdue et de t'avoir fait attendre.

- Viens on va manger des haricots.

- D'abord je vais dire bonsoir à la petite Ariane.

- Mais tu y vas tous les jours voir l'orpheline !

- Ben oui. Mais ce soir je vais lui dire au revoir ; demain, je pars à Guié, je ne la reverrai plus.

- Tu vas pas tenir le coup à Guié, n'y va pas. Il fait plus chaud qu'ici. »

La petite princesse noire, maintenant, quand elle me voit arriver, elle sourit. Elle met sa main toute fine devant sa bouche pour que je ne le voie pas, mais son sourire va jusqu'à ses yeux, qui sont remplis de lumière lorsque je pousse le portail en fer usé de la grand-mère.

Elle est encore en nage, de grosses gouttes de sueur sur le front. Elle ne bouge pas, elle attend en me regardant, que je m'approche. Je la prends en photo, car lorsqu'elle se voit sur le petit écran numérique, elle rit. Je lui caresse les mains, les pieds, la tête rasée, le visage. Je la prends dans mes bras et la câline un moment. Elle ne bouge pas, pas le moindre mouvement, mais elle se laisse faire, elle s'abandonne totalement à ma douceur, et parfois elle sourit. Je lui raconte une histoire, ses gouttes de sueur tombent sur mon tee-shirt.

Mais qu'est-ce qu'elle a, bon sang? La malaria ? Le paludisme ? Qu'est-ce qu'elle a ? Je me rends compte qu'elle respire très difficilement. J'essaie de la faire parler comme tous les jours, en lui posant des questions. Rien. Elle ne veut pas.

Je dois partir, triste, tellement triste. Je pleure en la regardant, immobile, debout, dans la cour près du talus du grand-père, dans cette cour où s'entassent les détritus, comme partout, car les poubelles n'existent pas au Burkina. Elle, si belle Ariane, au milieu de ce désastre. Moi je pleure, et la petite princesse noire me suit du regard, jusqu'à ce que je disparaisse. Et son regard m'accompagne où que j'aille, son sourire, sa petite main dans la mienne ne me quitte pas. C'est une douleur que je ne connaissais pas encore.

Pour notre dernier soir, nous allons dans un maquis restaurant un peu plus chic que les autres... Il y a des couverts et des serviettes en papier. Des tables avec des nappes. Mais Hanro mange quand même avec ses mains. Ici ils mangent les os, je les entends craquer sous les dents d'Hanro, qui, comme tout Africain, mange avec une concentration absolue. Quand ils mangent, on ne peut pas leur parler. Hanro mange à se faire éclater le ventre, il ne veut rien laisser dans l'assiette. Le pauvre, il en transpire ! C'est ma faute, j'ai trop commandé. Car je m'inquiète pour lui, il ne mange qu'une fois par jour.

Et les os craquent sous ses dents. Et moi, un fou rire me prend, un fou rire qui prend une ampleur démesurée.

« Excuse moi, c'est la chaleur !

- Toi, quand tu as chaud, tu ris ? »

Son air naïf pousse davantage mon fou rire.

« Hanro, promets- moi de manger trois fois par jour. Tu vois bien qu'en une seule fois tu te fais mal au ventre. Promets- moi avant que je parte.

- Je te promets.»

J'aime quand Hanro me promet ce que je veux.

Et voilà qu'il me parle de Yukio Mishima, que je lui avais fait connaître par mail. Un de mes auteurs préférés, dont j'admire l'engagement politique, qui l'a mené à s'immoler sur une place

publique en réaction au pouvoir japonais. Voilà qu'il me raconte sa vie ainsi que l'histoire du Japon !

Là je rigole plus du tout. Il en sait plus que moi sur Mishima.

« Mais bon sang, comment peux-tu savoir tout cela ?

- Je me suis informé ! »

Parfois, avec Hanro, j'ai l'impression d'écrire une nouvelle version du Petit Prince.

« Ce soir, c'est moi qui t'invite.

- Non, non, Esther, je ne veux pas, laisse- moi payer, même si ce que tu as pris est très cher.

- D'accord je t'attends dehors, il fera moins chaud !

- Mais on est dehors !

- Je vais quand même dehors, il doit faire moins chaud. »

Je suis en train de craquer, la chaleur a envahi jusqu'à la moelle de mes os. Elle est en train de me rendre folle. Et rien de très frais à boire, à part du coca... Il a raison, il fait aussi chaud cinquante mètres plus loin.

Je vais voir Adhama, je le supplie de me laisser rentrer dans le frigo. Il l'ouvre, je m'y blottis tant que je peux, me collant de mon mieux aux parois relativement fraîches. Et Hanro qui nous parle de la fac à Ouaga ! Là j'écoute à peine.

« Les étudiants doivent se lever à trois heures du matin pour avoir une place pas trop loin du micro du prof. Car il y a environ sept cents élèves dans l'amphi. Comme le micro marche mal, les étudiants se regroupent pour noter une phrase, chacun à leur tour, et ensuite ils tentent de reconstituer leurs notes. Sinon, l'enseignant vend ses cours, pour arrondir ses fins de mois, mais ça coûte cher. Tu crois que je pourrais aller à la fac, Esther ? ... »

S'il te plaît, dessine-moi un mouton !

« Esther, il faut que je referme le frigo. Si le patron me voit, il va me tuer.

- Adhama, le patron, de toute façon, il te tue à petit feu, et tu le sais.

- Esther, comment je vais faire pour aller à la fac ?

- On y arrivera, Hanro, on y arrivera. Je vais me coucher, là j'en peux plus. Demain je pars à Guié.

- Tu crois que ça serait mieux que j'aille dans une faculté française ?

- Je sais pas, je suis blanche, je suis pas Dieu. »

Je suis en train de craquer, et Hanro me fait de la peine, Adhama aussi. Tous me font trop de peine, leur vie est trop difficile ! Et le sourire d'Ariane en arrière-plan. Tout ça, c'est trop dur pour moi. Je n'irai jamais en Ethiopie, c'est décidé, je ne tiendrai pas le coup.

« Tu devrais pas aller à Guié, Hanro a raison : il fait plus chaud qu'ici, c'est dans le Nord.

- T'as pas des glaçons, Adhama ? »

Dans mon lit, j'étouffe, je pleure, c'est nerveux. Je n'ai toujours pas vu de roses dans le désert… et ça, ça me désespère.

Lundi 12 avril

Joyeux anniversaire, mon Hélène. J'espère que les enfants t'ont fait un bon, gros, gâteau. Je sais que vous êtes heureux. Cela me rassure.

Avant de prendre le bus, nous allons voir un ami de Hanro à l'hôpital de Koupéla. Des poubelles débordent de pansements, de seringues qui traînent par terre, de cotons tachés. Sur les lits, du sang séché. Par terre, du sang séché. Une chaleur qui doit aider les malades à en finir plus vite avec leurs douleurs.

Départ pour Guié. J'ai hâte de retrouver le petit paradis. Hanro ne dit pas un mot, il ne répond même pas quand je lui parle, il a le visage tourné vers la savane… Le bus démarre sans son sourire, sans son regard. Il ne me dit pas au revoir. Son visage reste tourné vers la savane.

Hanro, cher, si cher Hanro, fils du désert comme on est fils de l'air, fils aîné d'un siècle que tu voudrais solidaire.

Le trajet est pénible, très pénible. Le bus est décidément une épreuve. J'arrive à Ouaga, avec mon sac à dos, les deux énormes sacs remplis de vêtements pour enfants. Je pensais, en février, avoir atteint les températures maximales, que plus chaud, ça ne pouvait pas exister…

Eh bien si. Plus chaud, ça existe. C'est l'enfer récurrent !

Pascal, le directeur adjoint de l'AZN, n'est pas encore arrivé pour me cueillir comme une fleur fanée. Il faut que je boive. Le sac à dos est brûlant sur mes omoplates, les habits pèsent une tonne, j'ai soif. Pas d'eau fraîche… Qu'est-ce qui se passe ici, même pas d'eau tiède ! Pas de jus de fruit, pas de coca… Mais on est à Ouaga, la capitale ! J'ai soooiiiiiiffff ! Les frigos se sont tous suicidés en même temps.

Je tente une nouvelle fois auprès d'une jeune fille. Non, pas d'eau fraîche, elle me donne un petit sachet d'eau toute chaude… Crise de nerfs !

« Mais pourquoi vous êtes incapables, dans ce putain de pays de merde, d'avoir des frigos qui marchent, avec de l'eau dedans! »

Je pleure. La jeune fille du huitième frigo suicidaire part en courant. Zut, j'ai dû lui faire peur ! Que je m'en veux ! Je pleure de plus belle. Elle revient avec deux bières… fraîches ! Sans doute sorties d'un frigo récalcitrant au suicide collectif. J'en bois une, l'autre, je prends une douche avec. Ça colle partout, sur les cheveux, sur la peau, mais ça m'a calmée.

« Est-ce que ça va, Missa ?

- Oui ça va mieux. Je suis vraiment désolée. »

On discute pendant une heure le temps que Pascal arrive…… avec la voiture climatisée de l'AZN, offerte par une association intelligente ! Dans cette voiture, j'en oublierais presque que je suis au Burkina.

Pascal ne cache pas sa joie de me retrouver.

Nous passons charger du ciment, du poisson, des outils, une vieille femme fripée comme une éponge sèche. On me flanque dans les bras un nouveau-né, le temps que la dame dise au revoir à toute la famille, et ça prend du temps. Il faut que je leur rende le bébé !

Les enfants de Ouaga me paraissent encore plus malades qu'à Koupéla.

Je revois défiler le paysage somptueux que j'avais découvert il y a deux mois. Tous les endroits où je m'étais arrêtée, l'arbre de

mon désespoir, les bouteilles d'essence prises pour du sirop. Je revois tout et mon cœur est ému. La flore est légèrement plus verte, et quelques fleurs jaunes et rouges créent une symphonie pastorale d'un monde nouveau .La saison des pluies doit être magnifique à voir.

A l'AZN, tous m'accueillent avec joie.

« On nous a dit : Esther revient ! »

Je suis dans la joie la plus totale, je ne tiens pas en place.

Aucun touriste humanitaire en cette saison, seulement le quotidien tranquille de l'AZN, avec tous ses employés, que je connais bien. Employés nourris, logés, mais peu d'entre eux ont un salaire.

Même Ruth, la directrice des pouponnières, n'a pas de salaire. Par conséquent, ils ne sortent pas de l'AZN ! Pourtant ils ont l'air heureux. Sans doute pensent-ils être des nantis en comparaison des gens des rues fourmilières.

Guié sans Marthe, ce n'est plus vraiment Guié. C'est comme une maison sans âme. Marthe est partie accompagner une amie dans son agonie cancéreuse. Marthe me manque énormément.

Je vais à la bibliothèque pour tenir mon cahier, car c'est le seul endroit où la lumière arrive. Ils sont en train d'essayer d'installer Internet, mais cela fait un mois qu'un spécialiste y travaille sans succès. Beaucoup trop de problèmes électriques.

Les cours du soir ont fermé. Pas suffisamment de budget.

Autour d'une très longue table en bois brut, je suis entourée d'enfants qui font leurs devoirs. Quelques vieux livres, parfaitement classés sur des étagères. Des petits enfants jouent sur un tapis au sol, avec des bouchons de bouteilles. L'ambiance est douce, agréable. Ils parlent Mauré. Peu parlent français ici. Le ventilateur grince et suinte ; il est mis au supplice et demande grâce. J'ai trop chaud, je vais discuter avec les femmes dehors.

Je mange chez Marthe… sans Marthe.

Dans la nuit si noire, sans lune, je mets un temps fou à retrouver le chemin de ma case. Des oiseaux chantonnent tranquillement, les crapauds, ah enfin, le timbre clair des sages paroles des crapauds. Comme c'est reposant d'être ici.

Mais quelle chaleur ! Je ne comprends pas comment il peut faire si chaud ! Car ce n'est guère plus au nord que Koupéla ! Et c'est la campagne. A la campagne, il fait toujours plus frais qu'en ville ! Je n'y vois absolument rien. La lampe frontale manque cruellement. Je me cogne et trébuche partout. Le seau d'eau chaude qu'on me donne pour la douche à ciel ouvert, je le renverse ! Tant pis je ne me doucherai pas, de toute façon je n'y vois rien. Alors que eux, décidément, ils évoluent sereinement, sans aucune hésitation. Qu'y a-t-il donc dans leurs yeux que nous n'avons pas ?

Mon Dieu que j'ai soif. L'eau, qui sort péniblement du tuyau, est brûlante.

Ma case est une véritable fournaise, car celle-ci a un toit en tôle. J'ai une crainte. Peu d'eau, pas de frigo, pas d'électricité, avec cette chaleur… Je crains de ne pas tenir.

Il me sera impossible d'aller à Kaya, visiter le Père Théophile et sœur Pascaline. C'est à présent une certitude. Eux sont beaucoup plus au Nord et le trajet est plus long.

Tous sont dehors, allongés sur des nattes, s'éventant avec des journaux. Ils sont accablés aussi. Je ne peux installer ma moustiquaire dehors, au fil à linge. Et je crains le paludisme, car ici, il y a beaucoup de moustiques. Donc obligée de rentrer dans la case. Je ne tiendrai pas le coup, c'est certain. Je pleure. Je prends un seau d'eau chaude, et passe ma nuit à tremper mes deux serviettes de bain dedans, pour les mettre sur le matelas, tout en rêvant de la voiture climatisée… Je sors, je rentre, je sors, je rentre, les serviettes chaudement mouillées… l'enfer !

Mardi 13 avril

Debout à 5 heures 30. J'ai mal à la tête, mal à la gorge, sans doute à cause des serviettes mouillées durant toute la nuit.

Tous se lèvent très tôt et commencent les travaux des champs, les soins aux animaux, la construction de l'infirmerie en voûte nubienne, faite par des maçons qui travaillent du matin au soir. La cuisine, les yaourts, creuser les tranchées, faire les briques, les lessives. Tous, avec des gestes si lents que l'on croirait être dans une dimension où le temps s'est arrêté, une dimension où la

chaleur a pris possession des âmes et des corps. Même les mots sont économisés.

J'ai peur de passer une seconde nuit ici. Pourtant une myriade d'oiseaux galope gracieusement dans le ciel enivré, le braiment des ânes accompagne le ballet céleste qui réjouit les enfants, déjà épuisés.

Je passe la matinée avec Ruth, la directrice de la pouponnière. Nous rangeons la salle d'éveil, dont le toit est en tôle…
Dehors, des femmes de Guié viennent à l'atelier de nutrition créé par Marthe. Elles y apprennent à alimenter au mieux leurs enfants, avec ce qu'elles ont.

C'est terrible, avec Ruth, nous n'arrivons à ranger que trois cartons chacune. Une matinée pour trois cartons, tant les 49 ° nous obligent à nous asseoir régulièrement, longuement. C'est une expérience qu'il faut vivre, car comme ça, à le lire, on ne peut pas y croire.

A la pouponnière, rien n'a changé. Les mêmes enfants, les orphelins du désespoir, une vingtaine à tirer sur mes vêtements, mes cheveux, avec leur yeux noirs remplis de craintes, de doutes :
« Maman, Maman… »

Je sens mon cœur se briser. J'ignore combien de fois mon cœur peut se briser avant de s'arrêter définitivement. Et en les serrant dans mes bras, tout en pleurant, en les entendant supplier :
« Maman ».
Je pense à leur petit cœur, qui aussi, est déjà, forcément, brisé. Combien de fois mon cœur peut se briser avant de s'arrêter ?

On nous appelle.

« Regarde, encore un bébé mort ! »

C'est le second de la semaine, et celui que je tiens dans les bras n'attend qu'un degré de plus pour en finir.

Les nounous pleurent, accablées : elles ne comprennent pas. Elles me demandent, à moi, de quoi peuvent mourir ces bébés.

Je regarde le nourrisson, raide, les yeux collés par la mort, je regarde, étonnée. Le cadavre d'un tout petit bébé noir.
Et j'écoute… J'entends…
Je ne savais pas qu'un bébé

mort,

de couleur noire,

pouvait parler.

« C'est bien ainsi. J'ai choisi mon destin. La vie de l'individu ne compte pas. C'est la Vie qu'il faut préserver… mais méfiez-vous, l'enfer est pavé de bonnes intentions. Bon courage ! »

J'apprends beaucoup de choses ici, beaucoup.

Les nounous pleurent et je vomis. Là je vomis sérieusement. La fièvre me prend d'un coup, j'ignore pourquoi, sans doute la chaleur. Pascal veut me ramener à Koupéla.

« Esther, c'est merveilleux que tu sois venue, mais c'est une mauvaise saison pour toi.

- Non, non, ça va, je tiendrai le coup !

- Tu es malade. Je te ramène. Tu sais, il faut pas croire, les Africains ne supportent pas mieux la chaleur que vous. Il en meurt beaucoup à cette période, beaucoup de comas aussi. J'ai peur pour toi. Je te ramène. »

Je me laisse faire, je suis trop fatiguée, déprimée, je suis trop tout.

« Mais d'abord, je vais te donner les 200 euros de l'association « Hanro ». »

Ruth et Pascal se confondent en remerciement. Ils vont pouvoir acheter des médicaments et emmener à l'hôpital le bébé qui n'attend qu'un degré de plus.

- Tu remercieras toutes les personnes de l'association « Hanro ». Que Dieu les bénisse! »

Je vomis… Décidément je n'arrête pas de partir de chez moi. Je ne sais plus vraiment où c'est chez moi. L'idée me traverse l'esprit de rentrer à Malleys, directement, c'est faisable, je change le billet, ça coûte 60 euros, c'est faisable. Retourner, pour me plonger dans la simplicité de ma vie, la pureté d'un monde protégé.

Mais je regarde en chemin, de la fenêtre de la voiture climatisée, la misère, partout, dans les moindres recoins, sur chaque centimètre carré. La misère de ces corps noirs, invisibles dans la transpiration de leur fatigue. La misère, elle va jusque dans les bruits ; les sons, mais cette misère, étrangement, elle est remplie de lumière, de beauté, surtout de poésie. Antinomique ! Je sais que

70

je ne comprendrai jamais tout de l'Afrique et de ses mystères...
Alors je ne pars pas... Je retourne à Koupéla.

L'arrivée à Koupéla est exceptionnelle.

Surpris, mais ravi. Hanro sourit, il ne tourne pas son visage vers la savane. Et il me fait même le cadeau de rire.

Je ne suis plus qu'une fourmi dans les rues fourmilières.

« Tu as bien fait de revenir. Je vais te donner une chambre climatisée, tu es malade.

- Non, Adhama, je ne suis pas malade.

- Je vais quand même te donner une chambre climatisée. Je vais pas le dire au patron, ça te coûtera le même prix que la chambre avec ventilateur. Je suis heureux de revoir la Maman Blanche des Enfants Noirs.

- .... »

Mercredi 14 avril

Avec moi je suis née, seule je grandis, et je m'accompagnerai dans la mort...

J'ai mieux dormi avec la climatisation. Le cadavre du bébé est venu me hanter. Le guérisseur n'a pas chassé tous les fantômes.

A la nuit, les chauffeurs routiers se mettent nus dans la rue, devant leurs vieux camions qui dégagent des odeurs de fuites de fioul, qui se lovent dans la chaleur. Ils se lavent avec des seaux d'eau, ils se lavent, nus, des odeurs d'essence qui suintent de partout et qui étouffent ces hommes. Ils dorment sous leurs camions. Ils doivent surveiller les marchandises qu'ils transportent.

Ici les vacances n'existent pas, les jours de congé non plus. Seuls les fonctionnaires ont les dimanches, parfois les samedis. Ivette ne travaille pas le dimanche. Les autres, strictement aucun moment de repos. Chacun étant remplaçable, personne ne se plaint bien sûr, mais ils en souffrent tous.

Ainsi, Adhama est vampirisé par son patron, le propriétaire du Calypso. Nuit et jour, il veille aux chambres, au service, sert à boire, nettoie les tables ; nuit et jour, il est humilié. Il dort sur un fauteuil en osier. Personne pour le relayer. Tout ça pour 20 euros

par mois, quand le patron ne lui retire pas de son salaire les verres brisés par les clients, les réparations de plomberie... Demain il a demandé sa journée pour aller s'inscrire au concours de la fonction publique.

Le patron ne lui donnera pas ce jour, qui aurait pu changer sa vie.

Je dis au patron, qui dégouline de mauvaises intentions, que je fais un reportage sur la condition des employés au Burkina. Je l'interviewe, en lui disant que l'article passera dans « L'Eveil Centre France » , un des plus grands journaux de France. Rien à faire.

Le patron ne lui donnera pas ce jour, qui aurait dû changer sa vie.

Adhama souffre beaucoup, mais il affiche quotidiennement son sourire adorable qui est une pathétique facétie de ce monde englouti.

Adhama est représentatif de ce que vivent les employés, les ouvriers du Burkina Faso.

Le quotidien ! Les coupures d'eau, d'électricité, le poisson, les mobylettes, le maquis-café, la viande grillée, le marché permanent, le sable rouge-ocre, les maladies, les nombrils, la fatigue, les 49° stables ... le quotidien.

Je m'assois, sur le fauteuil, à côté du talus du grand-père, dans la cour de Hanro. J'ai tout mon temps.

La petite princesse noire s'approche lentement. Elle pose sa main sur l'accoudoir du fauteuil, me regarde et ne bouge plus. J'ai tout mon temps. Je chante des chansons, que j'invente. Elle sourit, car dans toutes ces chansons, le nom « Ariane » revient régulièrement. Les chansons parlent d'elle, elle le comprend, et elle sourit. La nuit est lourde du poids de la terre. J'ai tout mon temps, et je chante.

Et puis d'un geste gracieux et naturel, comme seuls savent les faire les enfants silencieux, elle monte sur mes genoux, et se blottit dans mes bras. Elle ne bouge plus.

On a tout notre temps, toutes les deux, et les étoiles le savent.

Vendredi 16 avril

La politique de leur ventre est faible (*encore une expression, signifiant qu'ils ont faim*). Les rues fourmilières sont usées.

La nuit, la plupart se recroquevillent pour oublier. Sur leur banc, leur natte sablée de rouge-ocre, assis, la tête dans leurs mains, pour essayer de dormir, dans leur pénombre intérieure.

Un troupeau de moutons traverse la ville, suivi d'un zébu, tiré et poussé par des hommes. Ces bêtes vont être engraissées pendant deux mois, pour en tirer un bon prix. Entre 15 et 30 euros pour un mouton, c'est très cher.

Apollinaire le poissonnier est désespéré. Il se confie, il en a besoin, car ici les Africains parlent peu de leurs soucis. Son salaire est entièrement récupéré par sa famille, qui habite à dix kilomètres. Tous les cinq jours, ils viennent à vélo, réclamer leur dû. Apollinaire sait qu'il ne pourra jamais créer sa propre famille, avoir une femme, des enfants : c'est lui qui a été sacrifié. Il est sucé jusqu'à la dernière arête par le devoir familial, qui ne permet aucune rébellion. Apollinaire est fatigué.

Adhama, lui, a fui sa famille, pour ces raisons. Son courage et sa volonté l'honorent, mais il se retrouve seul, sans soutien, sans aide … un apatride !

Je fais la connaissance de Samuel Noungou, le directeur de l'Action Sociale de Koupéla. Un homme qui voue sa vie à préserver les enfants, les adolescents, des dangers quotidiens de ce pays qui ne sait plus quoi inventer pour survivre.

« Les bébés abandonnés dans les rues de Koupéla sont quotidiens, comme partout au Burkina, partout en Afrique. On ne sait plus où les placer. De nombreux enfants, entre six et treize ans, fuient leur famille, pour échapper à la malnutrition, la violence paternelle qui peut aller très loin. Certains fuguent pensant pouvoir aller à l'école, car tous n'y ont pas accès. Ils s'entraînent les uns les autres, et vont à Ouagadougou dans l'espoir de trouver une vie meilleure. Ils s'y rendent à pied, en stop, comme ils peuvent. Mais là, c'est la prostitution qui les attend, la déchéance,

l'anéantissement de leur rêve. Des enfants de six à treize ans... Alors, avec mon équipe, nous tentons de les retrouver, de les ramener à Koupéla et de les placer en apprentissage chez des artisans. Mais ces enfants sont traumatisés et ont beaucoup de mal à s'intégrer dans une vie normale. Pouvez-vous m'aider ?

- Je pense que quelle que soit l'aide que nous apportons, cela ne changera jamais rien. Je suis désespérée, et je ne vois même pas à quoi sert l'association que j'ai créée. Samuel, sincèrement, qu'est-ce que ça change, tous vos efforts, tous nos efforts, toute l'aide des pays occidentaux. Qu'est-ce que ça change, honnêtement !

- On ne peut pas rester sans rien faire, et observer cette désagrégation de la vie, on ne peut pas. Sans espoir, il n'y a plus de vie, vous ne croyez pas ?

- Je ne sais plus ! Je crois que je perds la foi. Quand j'étais enfant, je disais toujours : « Quand je serai grande, je sauverai le monde. » Je crois que je suis grande, et je n'ai jamais rien sauvé, pas même une petite fille de sept ans, qui parle au vent, au désert et au sable rouge-ocre.

- Moi non plus, je n'ai jamais sauvé personne. Pourtant quelques enfants s'en sont sortis. Croyez-moi, sans espoir, il n'y a plus de vie. Il faut bien que certains d'entre nous maintiennent le flambeau. On ne peut pas ne rien faire. Gardez la foi, Esther. Et je vous assure, sans toutes les aides humanitaires, ce serait pire, je sais de quoi je parle. Les bonnes intentions de chacun aident à maintenir un équilibre, fragile certes, mais un équilibre sans lequel ce serait la catastrophe.

- Notre association, Samuel, n'a que peu de budget : je ne pourrai pas vous aider financièrement.

- Ce n'est pas toujours le plus important. Le fait que tu reviennes, qu'une blanche parle à ces enfants, les prenne en considération, les écoute, ça serait déjà beaucoup.

- D'accord. »

En approfondissant les choses, je me rends compte que ce peuple est torturé de tous les côtés. Par le poids des familles, la pauvreté, l'oppression des riches, la violence parentale, le néo-

esclavagisme créé par les administrations burkinabé, que tous redoutent et… les croyances populaires ancestrales. Là, vraiment, c'est le pompon du traumatisme ancré profondément dans les âmes de chacun, le pompon qui les terrorise et leur permet peu de réaction.

En menant mon enquête, avec beaucoup de diplomatie, car je sais que je touche ici un sujet sensible, j'apprends à connaître leurs croyances, et cela me terrifie, même si je respecte et comprends. Ils sont éduqués, élevés, avec toutes ces croyances depuis leur plus jeune âge.

Pour être riche, il faut avoir des rapports avec une folle. De préférence sur le marché, pour que tous voient et respectent, dorénavant, celui qui va devenir riche. Riche de la façon suivante. L'homme qui a réussi cet exploit, sur une folle, une jument ou un âne, s'assoit alors dans un fauteuil, et des valises remplies d'argent tombent du ciel. Il y en a tellement qu'il ne sait plus quoi en faire. Récemment, une femme « folle » est morte à Koupéla, suite à trop de viols.

On peut aussi couper la langue d'un chat, tracer les contours de sa forme sur sa cuisse, et découper sa propre peau à la forme tracée. Donc on a sur la cuisse, une cicatrice aux contours de la langue du chat. Ensuite on s'assoit à côté de cet animal, que l'on garde précieusement, le temps qu'il peut vivre sans langue, et on passe les journées à tirer les billets de banque de la bouche du chat.

Les atrocités commises sur les enfants, sur les albinos, pour accéder à une richesse rapide et facile, je n'en parlerai pas. Ce que je peux dire, c'est que régulièrement des enfants, dont beaucoup d'albinos, disparaissent.

Tous ne pratiquent pas ces rites vaudous, heureusement. Car il y a un garde fou. L'accès à la richesse de cette façon-là équivaut à faire un pacte avec leur diable, qui leur ôte, en échange du service rendu, entre dix et vingt ans de vie.

Si je danse avec les enfants, je vais être considérée comme folle. Hanro m'interdit strictement de danser avec eux.

J'invite mes amis, Apollinaire, Viviane, quelques jeunes, à boire le thé chez Hanro. Comme le thé prend à peu près deux heures trente de préparation avant de plonger dans nos verres, j'ai le temps de questionner. Ils sont tous catholiques, sauf Hanro qui est déiste-bouddhiste (ça, il doit encore le réfléchir, je l'ai perturbé avec mon livre!).

La petite Ariane dans mes bras, qui ne fait aucun mouvement, de peur qu'un autre enfant vienne troubler sa quiétude. Dés qu'elle en voit un approcher, elle a peur et cache son visage dans mon cou.

Ils me confirment toutes ces croyances, et bien d'autres encore.

« Mais, vous y croyez vraiment ? »

Je reçois une rafale de mitraillette, directe ! Ils y croient tous.

« Avez-vous déjà vu, de vos yeux, les valises qui tombent du ciel, ou les billets tirés de la bouche d'un chat ?

- Oui.

- Ah bon ?

- Enfin, on l'a jamais vu mais c'est vrai. »

Je sens que je ne dois pas trop insister. Cela les perturberait et ils le sont déjà suffisamment.

Viviane, seize ans, la cousine d'Ariane, qui vit aussi avec la grand-mère, me dit : « Il y a des sorcières qui sont capables avec un miroir, d'attraper une âme qui est à l'autre bout du monde, de la ramener chez elle, et de la brûler. Des femmes dans la rue volent aussi les âmes des enfants, c'est ce qui s'est passé pour Ariane. Il faut faire très attention!

- Apollinaire, qu'en penses-tu ?

- Moi je n'y crois pas à tout ça, mais je pense qu'il faut se méfier, il faut faire très attention.

- Et toi, Hanro ?

- Je pense qu'on ne doit pas devenir riche par tous les moyens, non, non, non ! Le seul bon moyen, c'est d'étudier. Tu crois que je pourrais aller à la fac en France ? »

Heureusement que Hanro me fait rire sans cesse ; qu'est-ce qu'il me fait rire ! Je l'imagine dans une chambre en Cité Universitaire... le luxe !

« Ariane on l'a amenée un jour, à l'hôpital ; ils n'ont pas voulu la garder : ils ont dit qu'elle n'était pas malade. C'est le guérisseur qui l'a sauvée.

- Viviane, pourquoi alors elle est si fatiguée ? Elle transpire comme une cascade et vomit souvent.

- C'est parce qu'on lui a volé son âme.

- Mais alors le guérisseur, il peut rien pour elle !

- Si, c'est lui qui l'a sauvée. »

Tout est très confus dans leur esprit. Il y a de quoi.

Ariane ne bouge pas. Mais elle me regarde, elle sourit, elle rit quand je la chatouille.

Pour m'amuser, vraiment pour rire, faire une blague, je dis :

« Mon grand-père Gustave était un grand mage. A sa mort, il s'est transformé en loup (je mime), et il vit dans un bois. Souvent je vais lui faire des offrandes, en le priant de réaliser mes vœux, ce qu'il fait toujours, car l'homme-loup est très puissant. Mais lorsque la lune est pleine, il se transforme en loup-garou (je mime). Il devient terrifiant, il tue des animaux et des hommes. Je ne vais jamais le voir à la pleine lune. »

Et là, je vois l'expression sur leur visage. Je suis décontenancée. Ils sont bouche bée, presque apeurés. Ils me croient, ils n'ont pas compris que c'était une blague.

« Ton grand-père est très puissant !

- On va aller lui faire une offrande pour lui demander qu'on puisse tous venir en France !

- ……. »

Comment me sortir de mon propre piège, révélateur du fait que, quoi qu'ils en disent, ils croient sérieusement aux sciences occultes ancestrales, et qu'ils en ont peur, autant que des administrations ?

« Mon grand-père loup n'accepte que les offrandes des cœurs très purs. (Je ne sais plus quoi inventer !)

- Comment on fait pour avoir un cœur très pur ?

- Cela ne s'apprend pas, on l'a à la naissance, ou on ne l'a pas.

- Peut-être qu'on l'a ?

- Non, vous avez un bon cœur, généreux, mais il n'est pas pur. Ariane, elle a un cœur pur.
- Oui mais Ariane elle ne veut pas parler. »

Bon, de justesse je me suis sortie d'affaire, je ne m'aventurerai plus sur ce sujet, même avec Hanro.

Ces jeunes gens sont révélateurs de la plupart des personnes qui vivent en Afrique. Leurs scarifications, aussi fines soient-elles, selon leur ethnie, comme chez Hanro et Adhama, sont faites à leur naissance. Avec une lame tranchante, on les marque de signes, puis on injecte un produit de gourou-marabout, sensé les rendre invincibles. Hanro pense que c'est grâce à ces marques qu'il n'a pas été tué, lors de la guerre en Côte-d'Ivoire.

Ils sont pris entre tellement de croyances qui s'affrontent, celles de leur peuple, celles des religions, celles des occidentaux, celles des capitalistes, qu'ils ne savent plus vraiment où ils en sont. Je les sens perdus, désemparés.

La condition des enfants est terrible. Leurs problèmes sanitaires sont graves. Ils ramassent n'importe quoi, des choses dégoûtantes qu'ils essaient de manger. Ils portent à leur bouche je ne sais quoi, qui m'écœure totalement, au milieu des poules, des cochons, tous sales au point que je n'ose pas les toucher. Je me contente de leur chanter des chansons et de distribuer les beignets, mais il faut de plus en plus de beignets chaque jour.

Comment un enfant peut-il m'écœurer à ce point ? Ce dont je suis sûre, c'est que dans leurs yeux, qui ont la chance d'y voir la nuit, ce n'est pas de la lumière qu'il y a, ce n'est pas de la lumière...

Ce ventre ouvert, c'est moi. Sujet de l'air et des corbeaux, fille du néant comme on est fille de roi. J'aurai bientôt perdu mon apparence. Je suis en terre au lieu d'être sur terre. Mon cœur gâché vole avec la poussière. Je n'ai de sens que par complète absence...

Je suis dans ma chambre, je pleure. Je n'en peux plus. Je crois bien que je suis malade, en effet. Et je n'ai toujours pas vu de Roses dans le Désert, qui porte encore les lettres de Bérengère.

Par contre, j'ai trouvé la rose de mon désert. Ma chambre est remplie de son sourire qui me donne la force d'avancer dans la poussière qui noie mes poumons. La rose de mon Désert, c'est elle. Et le ciel approuve. Oui ! Il pleut, oh mon Dieu, il pleut ! Comme c'est beau la pluie, comme on l'aime la pluie, quand on l'attend depuis si longtemps, quand tous les jours on prie pour qu'elle nous fasse grâce. La pluie qui crée de la vapeur en épousant le sol brûlant, qui n'attendait qu'elle pour enfanter l'espoir.

Je crie : « Alléluia ! » Je pleure de joie, une joie qui se mêle au ciel ravi. Le ciel qui veut donc que la Rose grandisse, s'épanouisse. Il me le dit par chaque trombe d'eau qui claque sur les murs, sur les tôles, sur les chaises, sur les mobylettes, qui claquent sur l'été burkinabé, pour dessiner un clair de lune en forme d'orchidée.

C'est magnifique !

Je passe tout mon temps avec Ariane, qui lorsqu'elle me voit pousser le portail en fer, car elle m'attend, je l'ai compris, court se laver. Je ne sais pas vraiment pourquoi. Mais je ne comprendrai jamais tout chez les Africains.

Elle chantonne, je lui apprends à dessiner, à jouer du piano sur le jouet acheté au marché. Elle apprend à tailler son crayon, et à dire, oh miracle !

« Oiseau, papillon, poisson, maison. » Elle m'apprend le mot Louélé. Ça veut dire oiseau en Mauré. Elle m'apprend beaucoup de choses. Elle rit, elle ouvre grand ses yeux, en ayant un peu moins peur de ce qu'elle pourrait découvrir.

Le soir, elle s'endort toujours dans mes bras, avec sa fièvre terrible, ses mains si fines dans les miennes, ses petites mains qui jouent du piano... Ariane ne pèse rien. Elle est comme un nuage qui traverse l'espace, sans bruit, sans déranger personne, en silence. Un nuage si léger que je la dépose sur son lit sans aucun effort, comme on dépose une plume d'ange, dans un carré-brique, sous la tôle. Elle dort, elle respire difficilement, les gouttes de sueur... Elle est en nage... Ils sont comme ça les nuages qui traversent la vie, sans bruit, sans que personne ne les voie, en silence...

Je découvre une nouvelle maladie : l'elephantiasis.

Il y a quelques cas à Koupéla. C'est tout simplement abominable, réellement abominable ! Si j'avais cette maladie, je me suiciderais, c'est certain. Quelques cas à Koupéla, mais en tout, 120 millions d'individus sont atteints de ce mal sur la planète, dont un tiers en Afrique. Rien à voir avec Joseph Merrick (Eléphant man) qui lui était atteint du syndrome de Protée. L'elephantiasis est une maladie transmise par les moustiques, qui pondent des œufs qui obstruent définitivement les vaisseaux. Cela se traduit physiquement par une augmentation et une déformation spectaculaire du volume d'un des membres, ou d'une partie du corps. Toute partie peut être touchée, même les organes génitaux. Un homme a développé un œdème aux testicules qui pesait 5 kg ! Seule la chirurgie peut soulager les porteurs.

Des enfants ont la gale. Je n'ose donner ma main quand ils me tendent la leur, quand ils crient : « Sansara ! Sansara ! (Femme blanche!) » Je donne des beignets, de plus en plus nombreux, les beignets, les enfants. Ils ont faim.

Les enfants ne sont pas tendres entre eux, tout comme les adultes. Ils se battent dans la rue, violemment. Je sauve de justesse une petite fille au visage cristallin, avec des yeux immenses, belle comme un rêve, qui ne durera pas… Elle se fait frapper à coups de bâton, de pierre, sans réagir. D'autres enfants font régulièrement des crises de nerfs, se roulant en hurlant sur la poussière qui pénètre leurs yeux, leur estomac, leur équilibre mental. Je vois, je vois tout, car on me laisse aller dans les endroits où les blancs ne vont jamais. On me connaît, je suis reporter, je donne de l'argent, on me laisse aller… et je vois trop de douleur.

A la nuit noire totale, nous fuguons avec Ariane. Car il ne faut pas que les autres enfants nous voient. Nous fuguons, elle dans sa robe de princesse noire, moi dans ma négligence qui s'aggrave de jour en jour. Le fil d'Ariane nous guide, dans cette nuit, pour que j'arrive à la porter jusqu'au très chic maquis-restaurant. Elle rit beaucoup, mais ne me lâche jamais la main. Je sens bien que ma

main est son premier repère dans ce monde où elle a du mal à entrer.

Je me suis stupidement mis dans la tête de lui faire manger des légumes. Au restaurant elle se fige. Une statue. Tout l'impressionne trop. Elle tient ma main. Elle ne sourit plus, elle ne dit plus un mot, je pense qu'elle a peur. Elle ne mange rien. Elle me regarde. Elle me regarde encore, elle ne cesse de me regarder. J'ai compris.

Elle a raison, c'est nul ici, avec ce ventilo qui fait un bruit insupportable, le serveur qui est moche, les clients qui parlent pour ne rien dire, et les haricots verts qui n'ont pas une belle couleur. Elle a bien raison, on s'en va. On se promène dans les rues, et tout va beaucoup mieux. Elle est heureuse, si heureuse, la rose de mon désert. Elle est si heureuse que mon cœur, je le sens, est en train de se briser définitivement.

Jusqu'à quand mon cœur peut se briser, avant de s'arrêter ? Je le saurai bientôt.

Avec moi je suis née, seule je grandis, et je m'accompagnerai, seule, dans la mort.

Samedi 17 avril

Hanro frappe à ma porte. Il vient me chercher, car c'est le jour du marché au bétail, et au mil. Hanro est heureux quand il me fait découvrir des nouvelles choses de son pays. Il est heureux.

Je téléphone d'abord à la Sœur Pascaline et au Père Théophile. Ils ont bien reçu l'argent de l'association « Hanro », que je leur ai envoyé à défaut de pouvoir leur apporter. Le père me demande quand est-ce que je reviendrai. Pour l'instant je n'arrive pas à envisager de revenir un jour dans ce pays. Mais je n'arrive pas non plus à imaginer d'en repartir.

La Sœur Pascaline est malade depuis quelques semaines, on arrive à se parler quand même.

« Dieu te bénisse Esther. J'aurais beaucoup aimé te voir. Mais c'est bien que tu ne sois pas venue à Kaya, trop de gens malades ici, nombreux sont les morts.

-Que Dieu vous guérisse Sœur Pascaline, oui, qu'il vous guérisse vite. »

Haro s'impatiente.

« Tu les appelles trop souvent, ça coûte cher! »

Je raccroche le combiné, une étrange sensation de nostalgie et de tristesse m'envahit.

Le marché au bétail : des poules amoncelées, des chèvres par centaines, des moutons, des zébus, des pintades, des ânes. En fait, rien de plus que dans les rues fourmilières, si ce n'est la quantité et la façon de les parquer…C'est un marché au bétail !

Le marché du mil est plus étonnant. Sur des tissus, par terre, d'immenses tas de mil, de maïs, de haricots nébiés, d'arachides, de sésame, de sorgho. Des couleurs pastel en forme de pyramides.

Nous passons prendre Ariane pour aller en ville. Hanro en profite pour soigner une poule qui a la gale, dans la cour de la grand-mère. Il prend de l'essence dans une lampe à pétrole, et en badigeonne la bête. Je ne dis rien, j'observe, j'apprends.

Pendant ce temps Viviane habille Ariane, avec ses vêtements et chaussures neuves.

« La nuit dernière Ariane m'a réveillée. Elle parlait, je t'assure, elle parlait dans son sommeil. Elle disait : « La femme blanche vient me chercher, elle est là, la femme blanche vient me chercher ! ».

Ariane, en africain, ça se prononce : ârrrrrriäne.

Nous nous promenons au marché avec Hanro. D'un coup Ariane se met à transpirer violemment, et vomit, vomit, vomit !

« On va la ramener dans ma chambre climatisée et lui faire prendre une douche. Il fait trop chaud.

- Nooonnnn, Esther. Il faut très vite la ramener chez la grand-mère, crois-moi, tout de suite. Si elle meurt, tout le monde va dire que c'est la femme blanche qui lui a jeté un sort. Vite, il faut la ramener !

- …… »

Dans mes bras, l'enfant est comme un flocon de neige, prêt à fondre. C'est comme si elle n'existait plus, elle est dans sa torpeur, qui n'appartient qu'à elle, une torpeur que je ne connaîtrai jamais.

Dans la cour de la grand-mère.

Je lui lis Le Petit Prince de St-Exupéry.

Ce texte, je le redécouvre et le comprends totalement à cet instant-là. Toute la dimension de ce chef-d'œuvre, c'est Ariane qui me l'aura apprise. Elle s'est endormie. Elle est passée de la torpeur à l'oubli.

49° stables de température. Je la dépose sur son lit, dans le carré-brique sous la tôle.

La grand-mère me dit :« Emmène-la en France. Fais-lui faire des études. Après elle reviendra, elle nous aidera. Emmène-la avec toi ! Il faut qu'elle nous aide, nous, les oncles, les cousins. Fais-lui faire des études de docteur. Avec toi, elle parlera. Ici elle nous sert à rien, elle est trop fragile. Et tout le monde sait que son âme a été volée. »

Ariane dort, sous une tôle, 49° stables de température. Elle respire difficilement.

« Tu nous enverras de l'argent chaque mois, pour qu'elle ne nous oublie pas !

- …. »

Je ne comprendrai jamais tout des Africains, c'est certain.

La grand-mère fait partie des braves femmes, sincèrement. Elle s'occupe au mieux des trois enfants à sa charge. Elle fait ce qu'elle peut. Elle est révélatrice des bonnes grand-mères, africaines.

Je pars. Mon cœur ne se brise pas, car je n'en ai plus. Je voudrais accompagner Ariane dans son univers fantasmagorique, où elle doit voir des choses sublimes, tellement plus belles que celles que je vois.

Comme elle était belle et heureuse, l'autre soir, quand je l'ai savonnée dans la bassine, sous les étoiles. Une mer de savon blanc, sur ce petit corps tout noir, comme elle était belle. Elle riait.

Comme elle était belle le jour où je lui ai offert le voile blanc, béni par le Lama Tempa, pour qu'il la protège. Elle riait.

Un jour, elle a parlé. Un torrent de paroles, elle était très en colère. Les enfants touchaient ma gourde, mon sac, l'appareil photo. Elle s'est alors échappée de mes bras et elle s'est mise dans une colère monstre, déversant un flot de paroles Mauré, ininterrompu.
Et à ce moment-là, c'est moi qui riais.

Elle
    est allongée,
        sous une tôle,
            $49°$ stables. Elle
respire à peine.

Comment je vais faire, moi, pour vivre avec ça ? Comment je vais faire pour vivre avec l'image d'Ariane allongée sous la tôle, des cascades de sueur sur le front, à $49°$ stables.
Et elle, comment elle va faire ? Elle dont j'avais su comprendre, rien qu'en regardant la courbe de ses lèvres, le mouvement léger de son nez, si elle disait oui ou non.
Comment va-t-elle faire ?
Je connais un homme qui aurait pu la ramener. Le dernier des guerriers, le dernier à savoir déplacer les montagnes, les rivières, les océans. Le dernier à avoir le courage de tracer des chemins dans la boue, pour y semer l'amour, qui construit tous les ponts. Lui, il aurait pu la ramener, mais il est parti.
Je rentre à ma chambre.
« Esther, tu as une seconde, s'il te plaît ?
- Bien sûr, Adhama !
- J'ai un cadeau pour toi. »
Il m'offre deux petits cadres en carton, dont les images sont protégées par un verre qui tient avec du scotch. On y voit des mamans avec leurs enfants. Et il est écrit : Amour maternel. Elle connaît la valeur de tout.
Je m'effondre. Je pleure dans ses bras un long, très long moment.
« Qu'est-ce qu'il y a Maman blanche des enfants noirs ? »

- On ne m'a jamais fait un aussi beau cadeau de toute me vie, c'est pour ça que je pleure!

Je pleure pour lui, pour Ariane, pour le bébé mort qui sait encore parler, pour ce peuple emprisonné, enchaîné. Ce peuple qui n'est jamais sorti de l'esclavagisme.

Je pleure pour tous les enfants, les gens des rues fourmilières, de toutes les rues fourmilières de notre planète.

Si quelqu'un arrive à vivre avec tout ça, dites-le moi, je vous en supplie, je veux apprendre !

Monsieur le Président, je vous fais une lettre,
que vous ne lirez pas, car vous n'avez de temps
que pour exploiter les pauvres gens.
Vous comprendrez que mon infection urinaire,
qui me monte dans les reins, à cause de trop de faim,
je m'en fous un peu !
Vous comprendrez que ma bronchite,
qui s'aggrave de jour en jour,
à cause d'une terre à qui vous avez tout pris,
je m'en fous un peu !
Vous comprendrez que je me fous de tout,
car je vais devoir vivre tout le reste de mes jours
avec l'image d'Ariane sur sa natte,
à 49° sous la tôle du carré-brique,
en train de se mourir.
Que tout le reste de ma vie je vais voir ses yeux
et son sourire lumineux.
Quoi que je fasse,
je vais sentir, toujours, sa petite main dans la mienne,
qui me demande de l'emmener au Paradis,
que vous n'atteindrez jamais.
Vous comprenez que je me fous de tout,
parce que moi, je mangerai toujours à ma faim,
comme vous,
pendant que eux ils mourront comme des mouches,
vous faites tout pour.

Vous comprendrez que je me fous de tout,
parce qu'à force de se briser,
mon cœur a cessé de battre, et
je vis quand même,
c'est que je suis immortelle, bien sûr, j'ai la peau blanche !
Je me fous de vous,
parce que je suis morte,
quand j'ai dû quitter celle
qui me demandait l'aide
que vous lui refusez.
La quitter, et de loin la voir à peine respirer, dans
sa robe de pluie,
qui ne tombera jamais,
à cause de toutes vos conneries.
Monsieur le Président, je ne vous souhaite qu'une chose,
c'est de mourir en paix, malgré tout ce que vous avez fait.

Les autres journées jusqu'au départ pour la France

Mon cher, si cher Hanro, n'a toujours pas reçu sa nouvelle carte d'identité ni sa carte de résident. S'il n'a pas ces papiers, ils ne l'autoriseront pas à passer le bac. Un coup de fil au palais de justice nous a appris qu'ils avaient perdu le dossier. Donc, nous passons trois jours complets à Ouaga. Il faut que je tienne le coup, malgré un corps qui n'a plus de cœur, la bronchite qui s'aggrave, l'infection.

Hanro a une foi en moi qui ne m'autorise aucune faiblesse, aucune.

« Tu es blanche. Ils te donneront les papiers.

- Je t'en supplie, Hanro, n'en sois pas si sûr. Il est probable que nous n'ayons rien. Il ne reste que trois jours. N'aie pas trop d'espoir !

- Tu crois que j'irai à la faculté française ?

- Hanro ! Tu sais que je ferai toujours tout pour t'aider, toi, Guié, Kaya, Ariane, Adhama, tous, mais je ne peux rien te promettre. N'oublie jamais cela, je ne peux rien te promettre. »

Il est terrorisé par les administrations, décidément. Il a peur. Voilà que maintenant c'est lui qui s'accroche à mon bras pour affronter ses démons.

Une file de cent personnes, tous les jours, devant le greffe, espérant que leurs cartes d'identité soient arrivées. Un homme avec un micro, derrière une grille qui le protège d'éventuels mécontents, appelle les élus. Pas nombreux, les élus ! Les autres sont refoulés, comme tous les jours. Je parle à un chauffeur de taxi. Cela fait deux ans qu'il attend sa carte d'identité. Deux ans !

Je vais dans un bureau rencontrer le chef du secteur, entouré de ses sbires. J'explique le problème de Hanro. Il faut absolument que j'aie sa carte de résident et sa carte d'identité d'ici trois jours. On commence à m'insulter ! Faut pas croire, tout les Africains ne sont pas des tendres.

« C'est vous qui avez perdu son dossier ! »

On m'insulte encore ! Hanro tente désespérément de disparaître, de devenir invisible.

« Ce n'est pas moi que vous devez aider, Messieurs et Mesdames, ce n'est pas moi, c'est un de vos compatriotes, ce jeune homme, qui vit dans la rue et qui a faim ! Si vous n'aidez pas vos frères qui sont dans la misère, qui le fera ! »

On m'insulte de plus belle.

Même le coup de Dieu qui ne les bénira pas, ça ne marche pas.

« Bon, soyons clairs, je m'appelle Esther Gaubert. Je travaille pour le consulat de France, je vais aller leur expliquer que vous refusez de corriger votre erreur, le dossier perdu de ce jeune homme que nous soutenons activement en France. Le consulat le connaît bien. De plus je suis reporter pour « L'éveil de Centre-France », l'un des plus grands journaux, je vais donc faire un article sur vous, qui sera transféré à l'ONU…. (Vraiment, je ne sais plus quoi inventer). »

Oh surprise, ça marche ! Voilà qu'ils se mettent en branle, avec rage et colère, mais ils s'activent.

« Revenez ce soir ; du temps, allez au palais de justice pour la carte de résident, nous on s'occupe de la carte d'identité. »

J'y crois pas !

Au palais de justice l'homme que je rencontre est plus sympathique. Il est prêt à faire le papier demandé, si on lui donne une bonne somme pour le travail, harassant bien sûr, que ça va lui demander. 30 euros ! Et pour 20 euros de plus, il peut nous faire le passeport, apparemment je n'ai pas le choix. C'est ce qu'on appelle des dessous de table.

Je lui demande donc de me signer un reçu.... de corruption, pour prouver à l'association « Hanro », le montant sorti des caisses. Il le fait sans problème, avec un sourire ravi. Il est heureux, il a gagné sa journée.
« Nous devons retourner au greffe, quand pouvons-nous passer prendre les papiers ?
- Après-demain. »

Nous retournerons en tout trois fois au palais de justice, car il manque toujours un élément au dossier.
Le greffe.... Il est 20 heures, ils n'ont toujours rien.

Le lendemain, huit heures, dans les couloirs du greffe.
J'ai décidé que je ne partirai pas tant que je n'aurai pas la carte d'identité. Car je commence à croire, en effet, que Hanro seul n'y arrivera jamais. Et que malgré les petites scarifications qui le protègent de tout, il est beaucoup plus fragile qu'il ne le dit. Oh oui, beaucoup plus !

Toute la journée, dans une chaleur épaisse, dans des couloirs sombres et sales, sans eau, sans toilettes. Les gens du bureau, bien sûr, me voient, et je pense que je commence à les angoisser ! A chaque fois qu'ils passent, je leur dis : « Le consulat attend des nouvelles .... »

Mais d'autres Africains sont là aussi depuis huit heures, je ne sais pour quels papiers, et eux n'auront pas gain de cause.
Est-ce que je craque ou j'attends un peu ?

De plus, la compagnie de Hanro est limitée à sa tête penchée vers le sol, sans un mot, durant toute la journée. Je pense qu'il a peur, qu'il est triste.

Seule distraction, un couple de Français de Perpignan, qui s'assoit à côté de moi. Ils sont venus chercher les papiers pour l'enfant qu'ils ont adoptés. Nous discutons un peu, pas très longtemps, car leurs papiers sont rapidement amenés. Ils attendent depuis un mois au Burkina le visa de l'enfant.

« Au départ, on voulait un enfant des pays de l'est, mais au bout de trois ans d'attente, il a bien fallu qu'on se fasse une raison. Les Africains sont plus faciles à adopter.

- Sans doute parce qu'ils sont plus nombreux ?

- Ah, on a hésité longtemps. Ce n'est pas facile d'intégrer un Africain en France.

- Qu'est-ce que vous voulez dire ?

- On aurait préféré un blanc, ou un vietnamien, un chinois…

- Mais vous êtes quand même heureux d'avoir pu avoir un enfant au Burkina ?

- Oui bien sûr, mais on aurait préféré un blanc… »

Je reste sans voix. Enfin, pas tout à fait !

« De quelle couleur sont les murs de votre maison ?

- Chez nous, tout est blanc, au moins un coup de pinceau et c'est propre.

- Alors le réconfort que vous pouvez avoir, c'est que noir sur blanc, c'est bien connu, ça fait propre ! »

Ils ne me parlent plus… Je ne comprends pas pourquoi, j'ai dit ça innocemment !

Donc une journée atroce à tous les niveaux, et le soir pas de papiers. Il ne reste plus qu'un jour. Je panique.

A vingt heures, toujours la file d'une centaine de personnes qui attend, espère les papiers, qui permettent de vivre plus convenablement dans ce pays.

Le lendemain, nous courons au Palais de justice… Oh miracle, l'homme nous remet la carte de résident, et le passeport. J'y crois

pas. Comment peuvent-ils faire des papiers aussi rapidement, alors que certains attendent des années pour les avoir ? Il y a quelque chose que je n'arrive pas à cerner, qui est antinomique. Est-ce volontaire de la part des administrations, pour maintenir le peuple dans un asservissement passif ? C'est fort possible.

Hanro est fou de joie. Moi je sais que ça ne changera pas forcément sa vie.

« Tu vois, quand on est blanc, tout est plus facile ! »

Le greffe, Midnight Express…

« Sortez du bureau, la carte d'identité est en cours, mais sortez, on ne veut pas vous voir ici !

- J'attends dans le couloir. Mais ce que vous faites vivre à vos frères, c'est du

Néo-esclavagisme ! »

Je ne peux même pas les menacer de leur coller un procès pour corruption : eux ne m'ont rien demandé.

Je n'en peux plus. Je vais régulièrement pleurer dans un coin. Hanro aura ses papiers, sans doute, mais les autres ? Comment ce pays peut-il s'en sortir dans un tel contexte ?

Le mépris des hommes et femmes en costumes de fonctionnaire est tel que je me sens rabaissée, flouée. Comme si j'étais emprisonnée dans un couloir de détention pour étrangers sans papiers. Cela fait beaucoup de mal de se sentir traité comme un animal, oui, ça fait vraiment beaucoup de mal. A part que moi, je sais que demain je rentre chez moi, en France, que je vais retrouver mon quotidien douillet, sans danger. A part que moi, je ne suis pas prisonnière. Je suis blanche et j'ai des papiers.

La fin de la journée s'annonce et toujours rien. Je prends l'avion à quatre heures du matin...

« Courage Esther, tu vas l'avoir la carte, tiens le coup, tu es forte ! »

Heureusement, Hanro me fait toujours rire dans les pires moments. Qu'est- ce qu'il me fait rire !

« Hanro, je vais tenter quelque chose. Toi, tu ne bouges pas d'un pouce. »

C'est le courage du désespoir. De toute façon, je suis si fatiguée que je ne sais plus exactement ce que fais.

Je me tiens debout devant le bureau.

Lorsque le chef du secteur en sort, je lui demande où ça en est. Il ne me répond pas, il continue sa route sans même me regarder. Alors je feins de tomber dans les pommes, en suffoquant. Tout le monde arrive en courant, le chef aussi. Je crache mes poumons, c'est facile avec la bronchite. J'ai de la fièvre, normal avec l'infection. Toutes les chances sont de mon côté.

« Appelez le consulat de France, Madame Peyret, de ma part. Dites-lui de faire venir l'assistance rapatriement, je pense que j'ai la malaria, ou le Palud. Et trois jours dans vos couloirs à me faire attendre dans cette chaleur, ça a aggravé mon cas. »

Je crache, je tousse, là je mets le paquet, je me plie en deux, je fais des spasmes! Bref, je suis à l'agonie.

Ils paniquent tous, car le cas est grave pour leur réputation. Une Française malade à ce point-là, dans leur couloir, à cause de leur incompétence, ça pourrait leur valoir beaucoup d'ennuis.

Et moi j'ai envie de rire en voyant la tête de Hanro. Il faut que je retienne un fou rire qui est en train de monter comme une flamme qui ne demande qu'à devenir un brasier.

Le chef court, rentre dans son bureau, et revient, avec… la carte d'identité ! Stupéfiant ! Elle était prête et il est fort probable qu'il ne nous l'aurait pas remise. Je me demande même, s'il est vrai qu'ils avaient perdu le dossier !

Je n'en reviens pas.

« Tenez, j'ai couru partout depuis trois jours pour cette carte. J'ai beaucoup travaillé pour vous, beaucoup. Mais elle est prête, la voici, vous l'avez avant votre retour en France. J'ai beaucoup couru pour vous.

- Non, pas pour moi, pour votre frère dans la misère qui doit passer son bac.

- Oui, oui. Vous croyez qu'avec l'aide de Monsieur Hanro, vous pourrez rentrer à votre chambre? Ce n'est peut-être pas la peine d'appeler le consulat. Je peux appeler un taxi !
- Vu que vous avez fait beaucoup d'effort, nous allons essayer. Je pars cette nuit, je devrais réussir à tenir le coup. (De toute façon, je me vois mal appeler Madame Peyret au consulat de France !)

Oh, qu'il est soulagé, le chef ! Il m'aide même à me relever et m'accompagne au bout du couloir, en me disant plusieurs fois : « J'ai vraiment beaucoup travaillé pour vous ! »

Carte de séjour, passeport, carte d'identité, en trois jours, je n'arriverai jamais à comprendre le fonctionnement des administrations burkinabé. Même en France, ce tour de force aurait été impossible.

Et je me demande d'où me vient cette force. Car faut pas croire, je ne suis pas un héros!

Elle me vient sans doute de cette colère immense qui m'habite, difficile à contenir, face à toutes ces injustices. La colère du néant, où l'espoir a déserté, avec l'avancée du désert, de la famine, qui descend lentement, tel un serpent, prêt à mordre tout ce qui vit...

Et le désert rouge-ocre, dans lequel je n'ai toujours pas trouvé de rose.

Nous rentrons à nos chambres, épuisés. Hanro s'inquiète de me voir si malade.

« Il est temps que tu rentres en France, ils vont te soigner là-bas. Il faut vite que tu rentres.

-« Il n'y a pas de doute, ils vont me soigner ! Mais pourquoi les potions du guérisseur n'y font rien ? (Je tente, une dernière fois !)

- Mais c'est normal ! On lui a demandé de soigner ton mal de ventre ! Tu n'avais pas encore la bronchite, ni l'infection ! »

Bon…

Et Hanro se met à pleurer, à pleurer comme un enfant, ses yeux débordent de larmes.

« Qu'est-ce qu'il y a Hanro ?

- Je suis triste. Je ne devrais pas pleurer, un homme ne pleure pas !
Je suis triste car tu vas partir, et que je m'inquiète pour ta santé. »
Je vais pleurer ! dit le Renard...

J'ai pu affronter beaucoup de choses pendant ces quinze jours,
mais là je peux plus. Voir Hanro pleurer comme ça, je ne peux pas.
« Hanro, ne t'inquiète pas. C'est toi qui a raison. Nous sommes
très forts tous les deux. Il pleut beaucoup sur nous, et il pleuvra
encore, mais bientôt le soleil nous inondera de sa lumière. Nos
efforts ne seront pas vains. Tu me construiras ma case, avec mon
orphelinat. Et je n'ai plus eu mal du tout au ventre depuis que nous
sommes allés voir le guérisseur. Il est vraiment très puissant. Et
j'irai faire une offrande à mon grand-père, je lui demanderai tout ce
dont nous avons besoin. Et toi, je sais qu'il ne t'arrivera rien, grâce
aux marques que tu as sur le visage, personne ne peut te faire de
mal. Je pars tranquille, je t'assure. Et quoi qu'il arrive, tu feras tes
études, en France ou à Ouaga. Et la petite Ariane, on s'en occupera
toujours. Tout va aller bien, je t'assure. Crois-moi. »
Mes mots l'apaisent un peu.
Je lui demande de ne pas m'accompagner à l'aéroport cette nuit.
Il est d'accord. J'irai juste lui dire au revoir dans sa chambre.
« N'aie pas peur de me réveiller, je ne dormirai pas.
Dorénavant, tous les mercredis seront pour moi des jours sombres.
Car tu t'en vas un mercredi. »

Mercredi 21 avril
Dans l'avion, je tente de comparer ma vision du Burkina avec
celle de Jean... Je pense que chacun d'entre nous voit du monde ce
qu'il est capable d'endurer, ce qu'il est capable de supporter...
Mais une phrase de Jean me choque.
« Tu sais, quoi qu'il se passe dans l'avenir, tu auras fait
beaucoup pour plein de gens pendant ces quinze jours ! Tu leur
auras donné de l'espoir! »

Dans certains cas, par exemple quand on meurt de faim dans la
rue, quand on a l'éléphantiasis, le paludisme, la galle, quand on vit

dans les rues fourmilières, quand on s'appelle Hanro, ou Adhama, Viviane, Apollinaire, ou Ruth, donner de l'espoir, je ne suis pas sûre que ce soit une bonne chose. Car si cet espoir s'écroule, ils peuvent en mourir. Nous, d'un espoir déçu, on s'en remet toujours, mais eux, l'espoir déçu, ça pourrait leur faire perdre le peu de force qu'ils ont, et alors le serpent qui descend par le nord se jetterait sur eux, avec un appétit vorace... qu'ils ne connaîtront jamais.

Mercredi 4 mai

A présent j'ai fini de recopier mon cahier, qui m'a beaucoup aidé au Burkina...Voici quinze jours que je ne suis pas sortie de Malleys. Mon voisin me fait les courses. C'est bien d'avoir un voisin sympa.

Quinze jours que je partage mon temps entre ce cahier, et les démarches administratives. Je connais tout des lois françaises et burkinabé, en ce qui concerne les adoptions, les tutelles partielles ou totales, le droit au travail saisonnier des Africains, les lois qui leur permettent de venir faire des études en France, je connais tout. Si vous avez besoin d'un renseignement, n'hésitez pas à me demander.

Ariane ne pourra jamais être élevée en France, soignée, jouer du piano, aller à l'école, jamais.

Hanro ne pourra jamais venir travailler en saisonnier chez mon ami Jean-Michel, ni jamais faire ses études en France. Jamais... Je connais tout des lois françaises et burkinabés, qui chacune à leur tour, selon le cas, ferme les portes de la joie.

Je pense, hélas, qu'il sera difficile de faire venir en France, les 1,02 milliard de personnes qui souffrent de sous-alimentation dans le monde. Et pourtant je ne veux pas perdre espoir. J'y crois quand même, car c'est Hanro qui a raison, c'est Samuel qui a raison, c'est Adhama qui a raison, c'est Ariane qui a raison. Il faut y croire, pour qu'on puisse maintenir vivant le peu d'espoir qu'on a insufflé.

Je continue à vivre, c'est amusant décidément, parce que je n'entends plus mon cœur battre, il s'est arrêté.

Je crois savoir pourquoi je continue à vivre, sans cœur. Parce que où que je regarde, les prés, les bois, le ciel, les fleurs, je vois Ariane courir et rire au milieu de toute cette verdure. Je la vois s'asseoir à côté du chien et aller chercher le lait à la ferme de Basile. Je la vois en train de jouer du piano, c'est Bérengère qui lui apprend. Je la vois s'amuser dans la grange et manger des gâteaux. Vous voyez comme elle parle ! Elle chante, tout le temps, elle n'est plus jamais malade, elle est heureuse ! C'est pour ça que je vis, bien que mon cœur se soit arrêté, pour continuer à la regarder….

Mais il n'y a pas qu'elle que je vois partout, oh mon Dieu non, il n'y a pas qu'elle.

Tu vois, Christine, il y a beaucoup de monde à Malleys, je ne suis pas seule.

Et puis il y a la suite Numéro 1 de Bach, Le Petit Prince, et les lettres de Bérengère qui volent dans le désert…

Je ne suis pas seule.

L'association « Hanro »

« Cette histoire se passe en France.
Je descendais à la plage où des centaines d'étoiles de mer,
abandonnées par la vague, séchaient au soleil.
Un matin, une petite fille, rapide, en cueillait une, deux, dix et
allait, vite, les remettre à l'eau :
je m'étonnais de ce jeu.
J'y revins le lendemain, et la petite était là, rapide, précise.
« Petite fille, tu perds ton temps, tu ne peux rien changer à leur
sort. Crois-tu que ça fasse une différence d'en sauver des
dizaines ? Tu ne pourras pas toutes les sauver!
- Non, Madame, mais ça fait une grande différence pour celles
que j'ai pu sauver.»
Christine Jollin

« Les adultes savent, devraient savoir (savent-ils?) qu'ils ne
sont pas « que » de grands enfants. »
Véronique Baud

« Tellement rigolé que tu m'as réveillé.
Gueule de bois ? Bien fait pour toi ! T'as qu'à arrêter
d'écornifler n'importe quoi. Rigolé de n'importe quoi, de
n'importe où, de nulle part. Du fond du désert, là où y a
tellement pas d'eau qu'y a même pas de canal rachidien.
    Pas la plus petite goutte de rien, ni de tout ... Rien du tout !
Pas du tout de rien !
    Que c'est tellement pauvre, que même les mots sont anémiés.
Ben ouais, pas de facteur pour finir de livrer les lettres, alors,

ben y a des carences. Pas d'al, qu'un phabet. Que quand t'as pas toutes les lettres, tu peux pas tout exprimer, t'es pas crédible.

Goethe a beau avoir dit : « Si tu ne cries pas, personne ne saura que tu as mal ». Ben, si tu cries à moitié, ça fait rire. Et tu l'as dans l'os, de toute façon, y reste que ça. Les os. Ben ouais, dans le désert, la chair est si chère qu'y a que la peau et les os, et des cris anémiés. Putain, finalement, t'as raison de te bourrer la gueule, ça permet de pas voir la misère ! »

Patrice Balandreaud

Vous pouvez envoyer vos dons à :

association « Hanro »

Malleys
43800 Beaulieu
Mail : hanro.assoc@orange.fr

Vous pouvez aussi demander à voir les photos des voyages évoqués dans ce livre.

Merci.

L'HARMATTAN, ITALIA
Via Degli Artisti 15; 10124 Torino

L'HARMATTAN HONGRIE
Könyvesbolt ; Kossuth L. u. 14-16
1053 Budapest

L'HARMATTAN BURKINA FASO
Rue 15.167 Route du Pô Patte d'oie
12 BP 226 Ouagadougou 12
(00226) 76 59 79 86

ESPACE L'HARMATTAN KINSHASA
Faculté des Sciences sociales,
politiques et administratives
BP243, KIN XI
Université de Kinshasa

L'HARMATTAN CONGO
67, av. E. P. Lumumba
Bât. – Congo Pharmacie (Bib. Nat.)
BP2874 Brazzaville
harmattan.congo@yahoo.fr

L'HARMATTAN GUINEE
Almamya Rue KA 028, en face du restaurant Le Cèdre
OKB agency BP 3470 Conakry
(00224) 60 20 85 08
harmattanguinee@yahoo.fr

L'HARMATTAN CÔTE D'IVOIRE
M. Etien N'dah Ahmon
Résidence Karl / cité des arts
Abidjan-Cocody 03 BP 1588 Abidjan 03
(00225) 05 77 87 31

L'HARMATTAN MAURITANIE
Espace El Kettab du livre francophone
N° 472 avenue du Palais des Congrès
BP 316 Nouakchott
(00222) 63 25 980

L'HARMATTAN CAMEROUN
BP 11486
Face à la SNI, immeuble Don Bosco
Yaoundé
(00237) 99 76 61 66
harmattancam@yahoo.fr

L'HARMATTAN SENEGAL
« Villa Rose », rue de Diourbel X G, Point E
BP 45034 Dakar FANN
(00221) 33 825 98 58 / 77 242 25 08
senharmattan@gmail.com

636540 - Janvier 2016
Achevé d'imprimer par

Écrire l'Afrique
Collection dirigée par Denis Pryen

Dernières parutions

Marcel KING JO 1er, *Tina ou le drame de l'espèce humaine*, 2011.
Aboubacar Eros SISSOKO, *La Tourmente. Les aventures d'un circoncis*, 2011.
Robert DUSSEY, *Une comédie sous les tropiques*, 2011.
Alexis KALUNGA, *Vivre l'asile*, 2011.
Nenay QUANSOI, *Souvenir d'un jeune Africain en Guinée et en Tunisie*, 2011.
Nadine BARI et Laby CAMARA, *L'Enfant de Xéno*, 2011.
Aboubacar Eros SISSOKO, *Une mort temporaire*, 2011.
Édouard Elvis BVOUMA, *L'amère patrie. Nouvelles*, 2011.
Roger FODJO, *Les Poubelles du palais*, 2011.
Jean FROGER, *La Targuia*, 2011.
Pierre LACROIX, *Au chevet de l'Afrique des éléphants. Fable*, 2010.
Jeanne-Louise DJANGA, *Le gâteau au foufou*, 2010.
Dina MAHOUNGOU, *Agonies en Françafrique*, 2010.
Elise Nathalie NYEMB, *La fille du paysan*, 2010.
Moussa RAMDE, *Un enfant sous les armes et autres nouvelles*, 2010.
Raymond EPOTÉ, *Le songe du fou*, 2010.
Jean René Ovono Mendame, *La légende d'Ébamba*, 2010.
Bernard N'KALOULOU, *La Ronde des polygames*, 2010.
Réjean CÔTE, *La réconciliation des mondes, A la source du Nil*, 2010.
Thomas TCHATCHOUA, *Voyage au pays de l'horreur*, 2010.
Eric-Christian MOTA, *Une Afrique entre parenthèses. L'impasse Saint-Bernard* (théâtre), 2010.
Mamady KOULIBALY, *Mystère Sankolo*, 2010.
Maxime YANTEKWA, *Survivre avec des bourreaux*, 2010.
Aboubacar Eros SISSOKO, *Moriba-Yassa. Une incroyable histoire d'amour*, 2010.
Naïma BOUDA et Eric ROZET, *Impressions et paroles d'Afriques. Le regard des Africains sur leur diaspora*, 2010.
Félix GNAYORO GRAH, *Une main divine sur mon épaule*, 2010.
Philippe HEMERY, *Cinquante ans d'amour de l'Afrique (1955-2005)*, 2010.
Narcisse Tiburce ATSAIN, *Le triomphe des sans voix*, 2010.
Hygin Didace AMBOULOU, *Nostalgite. Roman*, 2010.
Mame Pierre KAMARA, *Le festival des humeurs*, 2010.

Burkina, rose du désert